Karten-Spiel

»Verlorenes Land«: Die 16 Kartenpaare dieses Spiels aus dem Jahr 1935 zeigen und beklagen noch 16 Jahre später, was seit dem Versailler Vertrag nicht mehr zu Deutschland gehört. Die schönen Kolonien: Samoa, Togo, Kamerun! Elsass-Lothringen, Danzig! Das Memelland, Eupen und Malmedy, der Norden Schleswigs und einiges mehr. Die erste Karte eines Paares zeigt ein Foto, die zweite eine Landkarte. Dazu praktische Informationen: »Deutsch-Ostafrika [...] genommen von England und Belgien«; »Provinz Posen [...] 2 Millionen Einwohner gingen hier Deutschland verloren«. Ebenso finden sich Hinweise, wie viele Rohstoffe und welche Industrien es in den abgetrennten Gebieten gab. Das Propagandaspiel, das Zeitungen beiliegt, soll Jugendlichen vor Augen führen, wie Deutschland 1919 verstümmelt wurde. Gespielt wird nach den Regeln des »Schwarzen Peter«, nur dass auf die überzählige Karte, sonst der Peter, eine fette 33 gedruckt ist – damit jeder versteht, wann Hitler begonnen hat, verlorene Karten wieder einzusammeln. **FLO**

Im Schatten des Krieges

»Ewiger Frieden« soll gestiftet werden 1919 in Paris. Doch eine Generation später steht Europa in Flammen. Weil der Versailler Vertrag Unfrieden sät, einen revisionshungrigen Nationalismus nährt, der nicht ruht, ehe die »Schmach« getilgt ist. So in etwa klingt der mächtige Versailles-Mythos, der die Geschichte der Pariser Friedenskonferenz von hinten nach vorn erzählt, von Hitlers Inferno zum vermeintlichen ersten Funken.

Tatsächlich markiert Versailles nicht den Anfang, sondern das Ende einer Katastrophe. Vor 100 Jahren tritt in Paris die erste echte Weltkonferenz zusammen, ein G-27-Gipfel der Siegermächte, um den größten aller bisherigen Kriege zu überwinden. Illusorisch zu glauben, die Staatenlenker könnten all das Leid, all die Opfer des Ersten Weltkriegs einfach aus der Erinnerung verscheuchen wie einen verregneten Tag. Dafür sitzt der Schmerz viel zu tief. In den Köpfen geht der Krieg weiter, vor allem in Deutschland, wo Enttäuschung ein mildes Wort ist für den freien Fall aus allen Sieg- und Kriegszielträumen. So unbewältigt wie die Niederlage, so unverstanden bleibt hier der Friedensvertrag, dessen gefühlter Strafcharakter die reale Härte bei Weitem übertrifft. Wer derart gekränkt auf Revision brennt, sieht in Hitler bald den Heilsbringer. Und trotzdem – alles hätte anders kommen können. Sogar eine Versöhnung mit Frankreich schien Mitte der Zwanzigerjahre möglich. Auch wenn Versailles als »Diktat« empfunden wurde, es diktierte nicht den Gang der Geschichte.

Dieses Heft will das Vermächtnis des Versailler Friedens diskutieren, aber dessen Geschichte von vorn, von den Verwerfungen des Ersten Weltkriegs her erzählen. Dabei richtet sich der Blick nicht nur auf die »deutsche Frage«: In Paris kommt *tout le monde* zusammen, um Europa und die Welt neu zu erfinden. Aus der Konkursmasse der Vielvölkerreiche entstehen neue Staaten und neue Konflikte, ausgetragen unter dem Banner der »Selbstbestimmung«. Dieses Mantra des amerikanischen Präsidenten Woodrow Wilson beseelt Freiheitskämpfer ebenso wie völkische Nationalisten. Ein besonders vehementes Echo schallt aus den Kolonialreichen zurück: Eine neue Weltordnung beginnt zu keimen.

Die Folgen dieser neuen Global-Architektur sind bis heute, hundert Jahre und einen Weltkrieg später, zu spüren. Brandherde wie der Nahe Osten oder die Ukraine lassen sich ohne Rückblende auf den Kollaps der Großreiche nicht verstehen. Alte Wunden brechen in Ost- und Südosteuropa auf: in Polen, Ungarn, im oberflächlich befriedeten Ex-Jugoslawien oder zwischen der Türkei und Griechenland. Sowohl der Aufstieg des amerikanisch angeführten »Westens« wie auch das Misstrauen gegen ihn wurzeln in der Pariser Nachkriegsordnung.

Aber auch hier gilt: Der Anfang bestimmt noch nicht das Ende. Die Geschichte kennt weder Ziele noch Wiederholungen. Das lässt uns hoffen, dass wir heute, während die Welt sich ein weiteres Mal neu zu erfinden scheint, nicht wieder vor einem monströsen Krieg stehen.

FRANK WERNER
Chefredakteur

SIGNATUR DES FRIEDENS
Mit dieser Feder haben die Vertreter der Siegermächte und Deutschlands am 28. Juni 1919 den Versailler Vertrag unterschrieben. »PAX« steht auf dem Federhalter, lateinisch für »Frieden«

1/19 INHALT

▶ Weitere Texte im Internet:
www.zeit.de/zeit-geschichte

TITEL Montage oben: Clemenceau, Wilson und
Lloyd George am 28. Juni 1919 in Versailles.
Montage unten: Demonstration gegen den
Versailler Vertrag 1919 in Berlin; Hitler 1938

Endlich schweigen die

Waffen

Die einen bejubeln das Ende des Ersten Weltkrieges, die anderen kehren geschlagen heim. Sieger und Besiegte leben in getrennten Welten – das macht eine Verständigung so schwer. Eine Geschichte in vier Bildern

IST ES WAHR? In New York macht bereits am 7. November 1918 eine Nachricht die Runde: »Germany surrenders« – Deutschland ergibt sich! Die Me...chen in Manhattan feiern auf den Straßen, sie wirken wie erlöst

DAS REICH STEHT STILL Im Dezember 1918 beginnen alliierte Truppen, das Rheinland zu besetzen. Sie bringen Brücken und Eisenbahnen unter ihre Kontrolle. In Koblenz beschlagnahmen die Amerikaner eine schier endlose Menge deutscher Lastwagen.

STÜRZT IHN! Französische Soldaten rücken im November 1918 in die Stadt Metz in Lothringen ein, die seit 1871 zum Deutschen Reich gehörte.
Sie stoßen ein Reiterstandbild des 99-Tage-Kaisers Friedrich III. vom Sockel. Er hatte 1870 als Feldherr den Angriff auf Frankreich mit angeführt.

Kein Frieden für die Welt

Versailles ist mehr als ein deutsches Trauma. Aus der Konkursmasse der alten Großreiche entsteht in Paris eine neue Staatenordnung, die Europa radikal verändert. Und die neue Gewalt sät VON ROBERT GERWARTH

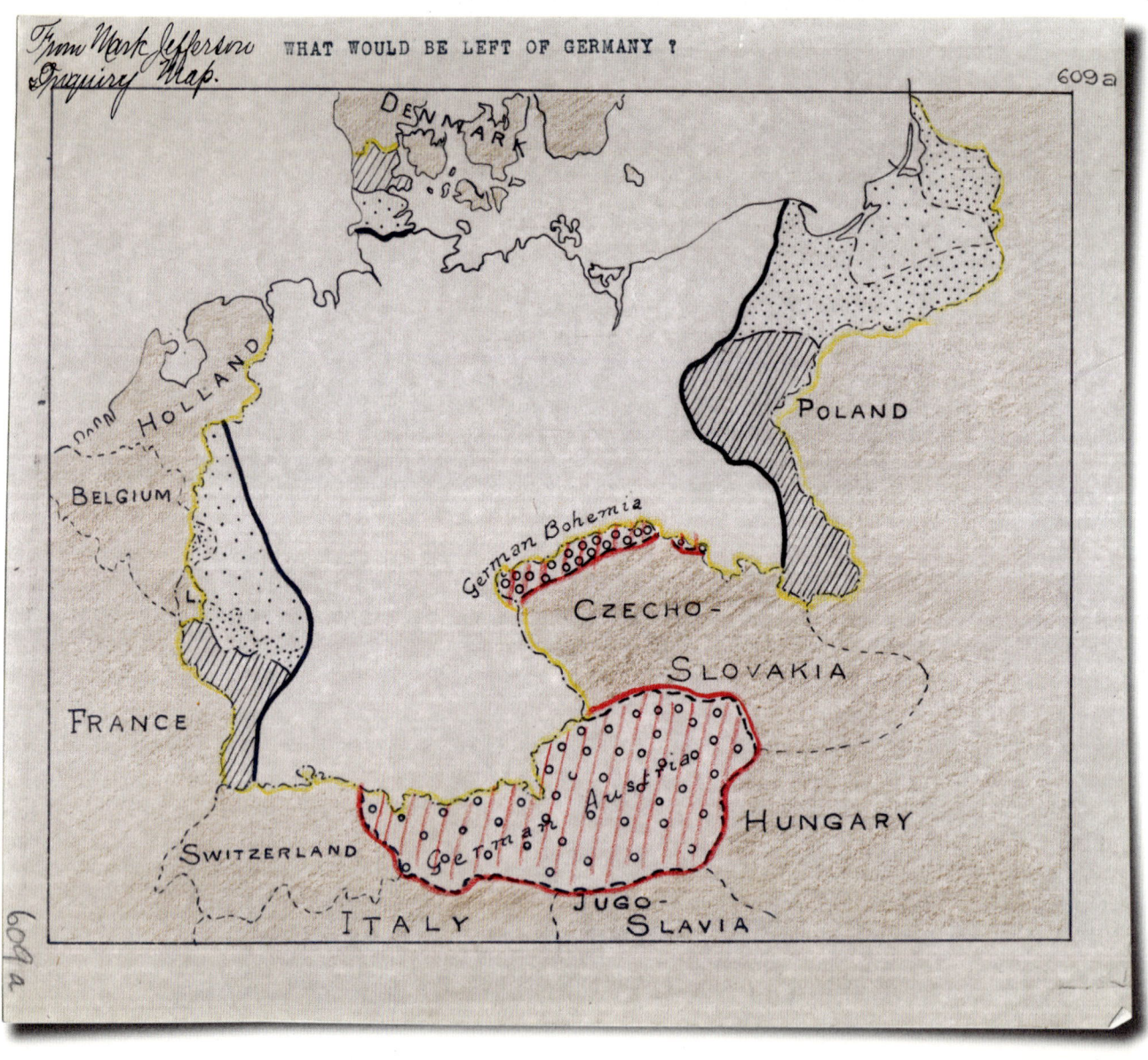

W

ährend revolutionäre Wirren und der Russische Bürgerkrieg Europa erschüttern, kommen am 18. Januar 1919 die Diplomaten in Paris zusammen, um über das Schicksal der besiegten Mittelmächte zu entscheiden. Im Unterschied zu der großen europäischen Friedenskonferenz des vorhergehenden Jahrhunderts, dem Wiener Kongress von 1814/15, sind die Verlierer diesmal nicht eingeladen. Deutschland, Österreich, Ungarn, Bulgarien und das Osmanische Reich sollen erst dann herbeizitiert werden, wenn die Verhandlungen abgeschlossen sind. Auch Russland, ursprünglich ein Verbündeter der Entente, aber seit der Oktoberrevolution unter Führung Lenins und seit dem Vertrag von Brest-Litowsk nicht mehr am Krieg beteiligt, fehlt in Frankreich.

Schon bald nach Eröffnung der Friedenskonferenz wird deutlich, dass die wichtigsten Akteure – der französische Ministerpräsident Georges Clemenceau, der britische Premier David Lloyd George und US-Präsident Woodrow Wilson – mit zum Teil diametral entgegengesetzten Zielen angereist sind. Was die Franzosen am allermeisten interessiert, ist die »deutsche Frage«, die Forderung nach finanziellen Kompensationen für erlittene Schäden und nach einer künftigen Einhegung des mächtigen Nachbarn. Clemenceau hat die Konferenz bewusst am 18. Januar beginnen lassen, dem Jahrestag der Proklamation des Deutschen Reichs in Versailles nach dem Deutsch-Französischen Krieg von 1870/71. Die Rückgewinnung von Elsass-Lothringen und eine Neuregelung der deutsch-französischen Grenze gelten in Paris seither nicht nur als zwingende Voraussetzung für die Sicherheit und territoriale Integrität Frankreichs, sondern auch als Frage der Gerechtigkeit: Im Weltkrieg sind zehn französische Departements verwüstet worden, das Land hat ein Viertel seiner männlichen Bevölkerung zwischen 18 und 27 Jahren verloren. Um sicherzustellen, dass von Deutschland nie wieder eine Gefahr ausgehen wird, erwägen Clemenceau und seine Berater sogar die völlige Zerschlagung des Reichs und die Schaffung starker verbündeter Staaten an der deutschen West- und Ostgrenze.

Die Briten hingegen, denen von jeher an einem Mächtegleichgewicht auf dem Kontinent gelegen ist, das es ihnen erlaubt, sich ungestört der eigenen Weltpolitik zu widmen, bereitet die Aussicht auf eine etwaige französische Hegemonie ebenso große Sorgen wie vor 1914 die Gefahr einer deutschen Dominanz auf dem Kontinent. Zwar soll Deutschland geschwächt werden – vor allem indem es seine Kolonien und seine Flotte verliert –, allerdings nicht in einem Ausmaß, das den britischen Wirtschaftsinteressen zuwiderlaufen würde. Immerhin war das Deutsche Reich vor dem Weltkrieg ein bedeutender Handelspartner Großbritanniens gewesen. Ein völlig verarmtes, womöglich gar dem Bolschewismus verfallenes Deutschland ist nicht Londons Absicht.

Der amerikanische Präsident Wilson wiederum hat als Kriegsziel einen »gerechten Frieden« versprochen, der zu einem neuen System internationaler Beziehungen führen soll. Ganz oben auf Wilsons Agenda steht, einen Völkerbund zu etablieren, der Kriege in Zukunft verhindern und dabei helfen soll, das Prinzip der nationalen »Selbstbestimmung« zu verwirklichen. Wie so viele amerikanische Präsidenten vor und nach ihm hat Wilson das Beispiel der USA im Sinn, deren politische Werte er insbesondere nach Europa zu exportieren hofft. Hinter seinem Idealismus verbirgt sich allerdings auch die Erkenntnis, dass der Erste Weltkrieg das globale Machtgleichgewicht zugunsten der USA verschoben hat

**NEUVERMESSUNG
DER WELT**

»The Inquiry«
nennen die
Amerikaner den Tross
von Wissenschaftlern, mit dem sie zur
Friedenskonferenz
anreisen – unter
ihnen etliche
Kartografen, die das
Gesicht der Welt
neu zeichnen.
Diese Karte zeigt das
verkleinerte
Deutschland. Heute
befinden sich die
Werke der »Inquiry«
im Archiv der
Universität Yale

und dass eine Pax Americana die Vorherrschaft seines Landes im Westen und in der Welt garantieren würde.

Diesen widerstrebenden Standpunkten der Alliierten allesamt gerecht zu werden, stellt ein nahezu aussichtsloses Unterfangen dar. In den Friedensverhandlungen werden Kompromisse gefragt sein, das wissen die Alliierten – allerdings nicht zwischen Gewinnern und Verlierern, sondern zwischen den Siegermächten.

Völlig entsetzt sind die Deutschen, als im Frühsommer 1919 die Vertragsbedingungen bekannt werden: Deutschland verliert etwa 6,5 Millionen Einwohner und rund 70.000 Quadratkilometer Staatsgebiet. Zwischen 200.000 und 300.000 Deutsche sollen Lothringen und das Elsass verlassen, die nach fast einem halben Jahrhundert deutscher Herrschaft wieder an Frankreich fallen. Die größten und umstrittensten Verluste muss Deutschland im Osten hinnehmen: Die Provinz Posen, fast ganz Westpreußen sowie Teile Oberschlesiens gehen im wiedererrichteten polnischen Staat auf. Von den 1,1 Millionen Deutschen, die 1919 im polnischen »Korridor« zwischen Ostpreußen und dem Rest Deutschlands leben, werden sechs Jahre später 575.000 ihrer Heimat den Rücken gekehrt haben und in die neue deutsche Republik gezogen sein.

Proportional verlieren die Briten mehr Territorium als Deutschland

All diese Regelungen, gekoppelt mit dem Kriegsschuldartikel 231 und dem darauf fußenden Anspruch auf Reparationen, lösen in der deutschen Bevölkerung Wut und Unglauben aus. Viele Deutsche haben darauf gebaut, dass Wilson sein Versprechen halten und sich für einen Frieden ohne Besiegte einsetzen werde. Der naive Glaube, dass trotz der allerorts lodernden nationalistischen Leidenschaften ein Frieden des Ausgleichs denkbar sei, gehört zu den Illusionen, die im Sommer 1919 jäh zerplatzen.

Vor dem Hintergrund der unterschiedlichen und unrealistischen Erwartungen an den Frieden mussten die Pariser Verträge fast zwangsläufig alle Beteiligten enttäuschen. Bis heute urteilen auch die Historiker überwiegend skeptisch. Neue Darstellungen wie Jörn Leonhards *Der überforderte Frieden* oder Eckart Conzes *Die große Illusion* weisen darauf hin, dass die Pariser Konferenz ihr oberstes Ziel verfehlte: die Schaffung einer stabilen Friedensordnung.

Der Aufstieg der auf Vertragsrevision pochenden Nationalsozialisten nach 1929 hat Historiker gerade in Deutschland dazu verleitet, dem »Kriegsschuldparagraphen« und der Frage der Reparationen mehr Aufmerksamkeit zu schenken als allen anderen Aspekten der Friedensverträge. Dieser einseitige Fokus hat unser Verständnis der Pariser Friedenskonferenz insgesamt verengt und das damals wie heute mit Abstand folgenreichste Problem der Zeit zu Unrecht marginalisiert: die Neuordnung Europas, die Umwandlung eines zuvor von semiautokratischen oder autokratischen Landimperien beherrschten Erdteils in einen Kontinent der mehr oder minder demokratischen Nationalstaaten.

Das Ausmaß dieser Transformation war gewaltig. Am Vorabend des Ersten Weltkriegs gehörte der Großteil der bewohnten Landfläche des Planeten zu einem der europäischen Reiche oder zu wirtschaftlich von ihnen abhängigen Territorien – und wenig deutete vor 1914 darauf hin, dass sich die Zeit der Imperien dem Ende zuneigte. Gewiss stellte das »Erwachen der Völker«, das nationalistische Bewegungen seit Beginn des 19. Jahrhunderts propagierten, eine beträchtliche Herausforderung für die Zukunft dieser Großmächte dar – vor allem auf dem Balkan, wo nationale und imperiale Ambitionen aufeinanderprallten. Gleichwohl unterschied sich die Lage auf dem Balkan beträchtlich von der im Rest Europas. Wenn die Rufe nach mehr Autonomie innerhalb der bestehenden imperialen Ordnung auch zunehmend lauter wurden, so hatte sich im Jahr 1914 doch kaum jemand eine Zukunft ohne diese kontinentalen Landreiche vorstellen können. Erst der Weltkrieg und die Niederlage der Mittelmächte schufen die Vorbedingung, um die politische Landkarte Europas radikal zu verändern.

Als der Erste Weltkrieg mit dem Sieg der Alliierten formal zu Ende ging, verschwanden drei gewaltige und jahrhundertealte Imperien von der Landkarte – die Reiche der Osmanen, der Habsburger und der Romanows. Ein viertes, das Deutsche Kaiserreich, das zu einer Großmacht aufgestiegen war und im letzten Kriegsjahr große Teile Ostmitteleuropas besetzt hielt, verwandelte sich in eine parlamentarische Demokratie mit einer »blutenden Grenze« im Osten, wie Deutsche jedweder politischen Gesinnung die neue Demarkationslinie zu Polen bezeichneten.

Doch auch die siegreichen Imperien Westeuropas blieben nicht von den Verheerungen des Krieges verschont: In Irland, damals ein Teil Großbritanniens, war es schon 1916 zum Osteraufstand gekommen, der zwar scheiterte, letztlich aber den Anfang vom Ende der britischen Herrschaft markierte. In einem blutigen Guerillakrieg erkämpften sich irische Republikaner 1921 die Unabhängigkeit. Dies bedeutete, dass Großbritannien in den Nachwehen des Ersten Weltkriegs gemessen an seiner Größe mehr Territorium verlor als Deutschland durch den Vertrag von Versailles.

Die postimperiale Staatenbildung, der Umgang mit Völkervielfalt in den neuen Nationalstaaten, die im Grunde ethnisch homogen sein wollten, sowie der Irredentismus benachteiligter Minderheiten hielten Europa zwischen 1918 und der gewaltsamen »Entflechtung der Völker« während und nach dem Zweiten Weltkrieg in Atem. Aber auch anderswo auf der Welt fühlten sich aufkeimende nationale Bewegungen von den öffentlichen Debatten über das »Selbstbestimmungsrecht der Völker« bestärkt; ein Recht, das – wenn auch aus unterschiedlichen Beweggründen – sowohl von Wilson wie auch von Lenin, dem Führer der russischen Bolschewiki, postuliert wurde.

Letztlich sollten die kleinen nichteuropäischen Dekolonisierungsbewegungen von den Ergebnissen der Pariser Friedenskonferenz enttäuscht werden: Nationale Selbstbestimmung wurde lediglich einigen der von den Siegermächten protegierten Nach-

BUNTES REICH
Die Karte zeigt
die Vielfalt
der Religionen in
Österreich-Ungarn.
In Versailles wird
das Habsburger-
Imperium aufgeteilt
– in neue Vielvölker-
staaten, die
unterschiedliche
Ethnien und
Religionen vereinen

folgestaaten in Mitteleuropa wie Polen oder der Tschechoslowakei zugestanden, vielen anderen jedoch verwehrt. In Ägypten, Indien, im Irak, in Afghanistan und Birma ging Großbritannien brutal gegen antikoloniale Unruhen vor, und auch Frankreich setzte seine imperialen Ambitionen in Algerien, Syrien und Indochina in den kommenden Jahrzehnten nur noch gewaltsam durch. Dass London und Paris einerseits in Europa nationale Selbstbestimmung predigten, andererseits aber gerade im erdölreichen Nahen Osten ihren imperialen Einfluss ausweiteten, war für die Glaubwürdigkeit der Sieger nicht hilfreich.

Wenig überraschend, dass die neuen Grenzziehungen in Europa mit massiven ethnischen Konflikten einhergingen. Tatsächlich erwies sich das Ende der Kampfhandlungen an der Westfront am 11. November 1918 als eher untypisch für die frühe »Zwischenkriegszeit«, in der in vielen Ländern Gewalt – in zwischenstaatlichen Konflikten oder in Bürgerkriegen – das Leben weiter prägte.

Zu extremen Gewaltausbrüchen kam es auf dem Gebiet der ehemaligen Landimperien. Besonders kompliziert war die Lage in den westlichen Grenzgebieten des ehemaligen Romanow-Imperiums, die ethnisch stark durchmischt waren und wo der Russische Bürgerkrieg eine ganze Reihe anderer Grenzkonflikte überlagerte. Waren die meisten Unabhängigkeitsbestrebungen im Russischen Reich vor 1918 noch vergleichsweise schwach gewesen, so hatten der Sturz des Zaren und die deutsche Besetzung separatistischen Bewegungen eine historisch einmalige Chance eröffnet. Infolge der Februarrevolution, die Russland in eine kurzlebige liberale Demokratie verwandelte, büßte Petrograd die Kontrolle über Ostpolen, Litauen und große Teile Lettlands ein. Kurz nach Lenins Staatsstreich übernahmen in Estland antibolschewistische Truppen die Macht. Am 23. November 1917 verkündete das Großherzogtum Finnland seine Abspaltung, und am 18. Januar 1918 erklärte sich in Kiew auch die Ukraine für unabhängig.

In Ermangelung funktionstüchtiger Staaten maßten sich Milizen unterschiedlichster politischer Couleur die Rolle von Nationalarmeen an (oft gegen den Widerstand anderer Gruppen, die ähnliche Ansprüche stellten), während die Unterscheidung zwischen Freund und Feind, Soldat und Zivilist, weit fließender gehalten wurde als noch im Ersten Weltkrieg. Seit dem Dreißigjährigen Krieg war es in Europa nicht mehr zu einer vergleichbar blutigen Abfolge miteinander verflochtener Bürgerkriege gekommen – mit einer Vielzahl sich überschneidender Revolutionen, Konterrevolutionen und Grenzkonflikten zwischen neuen Staaten ohne klar definierte Grenzen oder international anerkannte Regierung.

So kämpften deutsche Freikorps gemeinsam mit lettischen und estnischen Nationalisten – und anschließend gegen sie, wie auch gegen polnische Truppen in Oberschlesien. Die »weißen«

In Osteuropa trifft der Hass der Verlierer vor allem die Juden

und »roten« russischen Bürgerkriegsparteien lieferten sich überall in der Region Gefechte, derweil polnische, ukrainische und litauische Freischärler um vage Grenzverläufe rangen. Der Blutzoll dieser kurzen Zeitspanne zwischen dem offiziellen Ende des Ersten Weltkriegs im November 1918 und dem Vertrag von Lausanne 1923 war immens: Einschließlich der Opfer des Russischen Bürgerkriegs verloren in ethnischen Auseinandersetzungen und Bürgerkriegen weit über vier Millionen Menschen ihr Leben – ganz zu schweigen von den Millionen von Flüchtlingen und Vertriebenen, die durch die neuen Grenzgebiete Europas irrten.

Die Friedensschlüsse von Paris hinterließen eine ganze Reihe scheinbar willkürlich gezogener Grenzen, die im Laufe des 20. Jahrhunderts wieder und wieder angefochten wurden. Die Anwendung des Konzepts nationaler Selbstbestimmung auf Gebiete mit einer komplizierten ethnischen Zusammensetzung war bestenfalls naiv und faktisch meist eine Einladung, gewaltsam gegen nationale Minderheiten vorzugehen. All diese neuen, auf dem Prinzip der Selbstbestimmung gründenden Staaten besaßen große und lautstarke Minderheiten, bei denen spätestens von 1929 an mit der Weltwirtschaftskrise Forderungen nach einer Wiedervereinigung mit ihren »Mutterländern« aufkamen. Dieser Irredentismus sollte die europäische Politik jahrzehntelang beschäftigen, nicht zuletzt weil es sich bei vielen der Nachfolgestaaten Mittelosteuropas de facto um Imperien in Miniaturform handelte – Staatsgebilde, die mindestens ebenso multiethnisch waren wie die alten Großreiche, aus denen sie hervorgegangen waren.

Die einzigen ethnisch mehr oder weniger homogenen Staaten in Ost-, Mittel- oder Südosteuropa waren die Kernstaaten der besiegten Landimperien: die Weimarer Republik, Deutschösterreich, Ungarn, Bulgarien und die türkische Republik. Die Bevölkerung des jungen polnischen »Nationalstaats« dagegen war zu annähernd 40 Prozent ukrainisch, weißrussisch, litauisch und deutsch. In der Tschechoslowakei lebten mit 22 Prozent der Gesamtbevölkerung mehr Deutsche als Slowaken, und Rumänien zählte etwa drei Millionen Ungarn innerhalb der eigenen Grenzen. Auch das neue Königreich der Serben, Kroaten und Slowenen unterschlug in seinem Staatsnamen, dass es beträchtliche deutsche, ungarische, bosnische und albanische Minderheiten beheimatete; 1931 wurde es in Jugoslawien umbenannt.

Dennoch wäre es falsch, die Pariser Friedensverträge für sämtliche der gefährlichen Machtungleichgewichte verantwortlich zu machen, die nach dem Ersten Weltkrieg entstanden. Die Staatsmänner in Paris waren keineswegs die einzigen Architekten der postimperialen Ordnung – oftmals bestand ihre Rolle lediglich darin, Grenzentscheidungen zu billigen. Längst hatten die jungen, siegreichen Staaten mit Waffengewalt Fakten geschaffen, bevor die Pariser Friedenskonferenz überhaupt zusammentrat.

Dass die aus den Nationalitätenkonflikten erwachsenen Probleme dringend gelöst werden mussten, sahen die Pariser Frie-

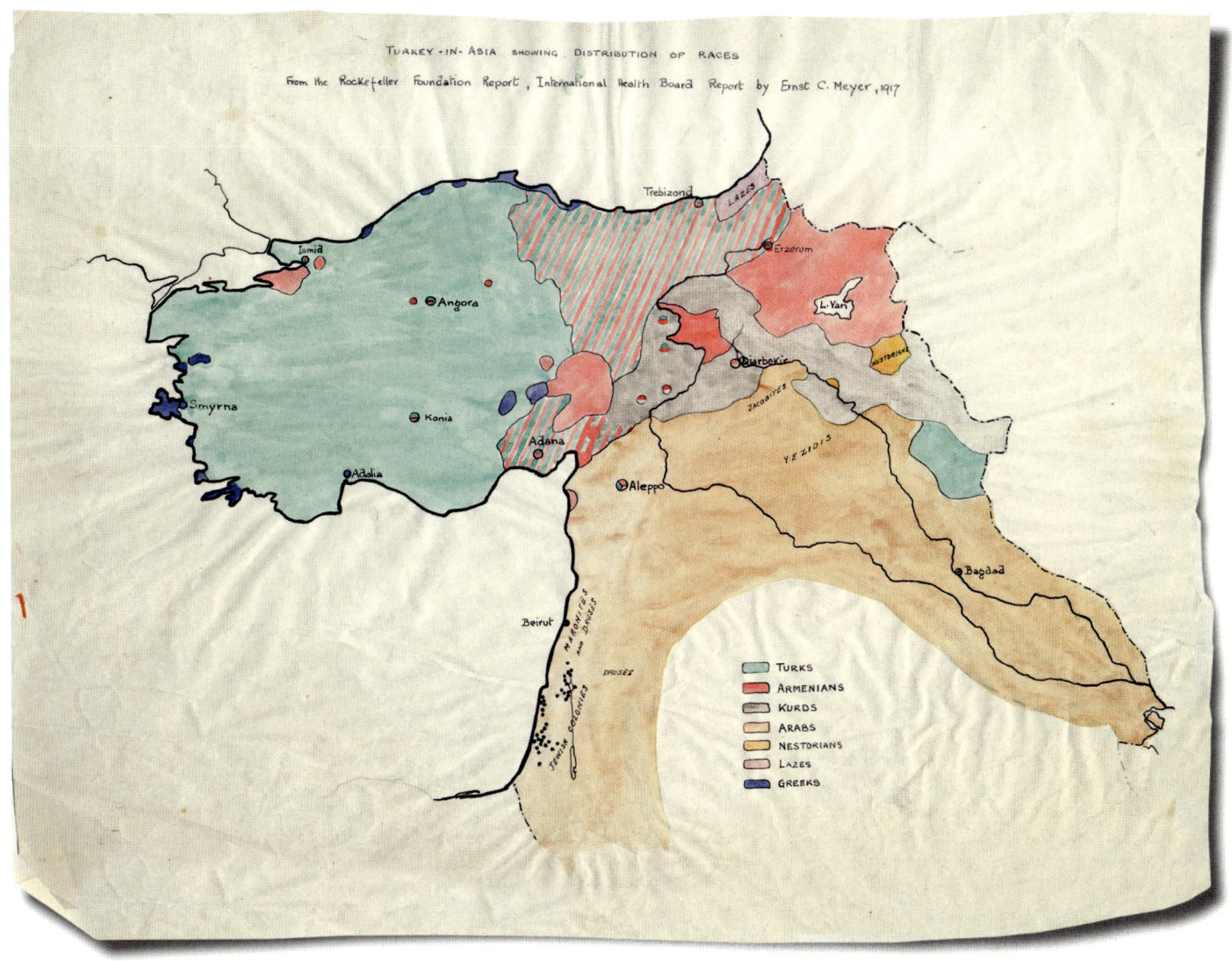

TURKEY-IN-ASIA showing DISTRIBUTION OF RACES

From the Rockefeller Foundation Report, International Health Board Report by Ernst C. Meyer, 1917

	TURKS
	ARMENIANS
	KURDS
	ARABS
	NESTORIANS
	LAZES
	GREEKS

ERBE EINER GROSSMACHT

1917 zwingen die Alliierten das Osmanische Reich militärisch in die Knie. Die Karte zeigt einige der von Istanbul beherrschten Völker, die auf Unabhängigkeit hoffen, sie aber nicht bekommen

densstifter durchaus. Abhilfe schaffen sollten die sogenannten Minderheitenverträge. In diesen Abkommen verpflichteten sich die jungen Staaten Mittelosteuropas zur Wahrung gewisser Rechte gegenüber den etwa 25 Millionen Bürgern, die nun als ethnische oder religiöse Minoritäten galten. Unter anderem wurde das Recht auf politische Betätigung und Repräsentation garantiert, auf die eigene Sprache und die Möglichkeit, eigene Schulen zu betreiben. Auch finanzielle Entschädigungen für Gebietstransfers sollten auf diese Weise gesichert werden.

Die Minderheitenverträge erwiesen sich jedoch als stumpfes Schwert, ja bisweilen sogar als kontraproduktiv. Viele Bürger der neuen Nationalstaaten, die der dominanten Völkerschaft angehörten, betrachteten die gesetzlichen Regelungen als Eingriff in ihre nationale Souveränität und sahen in den Minderheiten nun unlauter privilegierte Volksgruppen.

Schlimmer noch war die Lage für jene Minderheiten, die in keinem Staat lebten und auch keinen Staat besaßen, der ihre Interessen hätte verteidigen können. Am meisten unter den Wirren der Neuordnung zu leiden hatten die Juden in den westlichen Grenzregionen des untergegangenen Romanow-Imperiums und der Osthälfte des ehemaligen Habsburgerreichs. Antibolschewistische Bewegungen nahmen die vergleichsweise starke jüdische Präsenz unter den russischen Revolutionären zum Vorwand, den Staatsstreich von 1917 als Ergebnis einer »jüdischen Verschwörung« zu deuten. In Westrussland und der Ukraine, wo die Juden nun den mörderischen Hass der Bevölkerung auf die Bolschewiki zu spüren bekamen, war die Situation verheerend: Allein zwischen Juni und Dezember 1918 wurden etwa 100.000 Juden ermordet, vor allem durch Soldaten der »Freiwilligenarmee« unter General Anton Denikin.

Doch nicht nur Denikins Männer hatten die Juden als Zielscheibe ihrer Mordlust auserkoren: Auch ukrainische und polnische Nationalistenverbände sowie diverse Bauernarmeen beteiligten sich an den meist durch Alkohol befeuerten Pogromen. Allein für das Jahr 1919 sind in der Ukraine 934 solcher Vorfälle dokumentiert. Als polnische Truppen im Januar 1919 Wilna einnahmen, metzelten sie in einem dreitägigen Pogrom mehr als 60 Menschen nieder, 37 weitere starben im nahe gelegenen Lida.

Bald schon galten die Juden in den neuen Nationalstaaten nicht mehr nur als unerwünschte Subjekte, sondern zugleich als primäre Nutznießer des Bolschewismus – eine Vorstellung, die sich rasch in ganz Europa und darüber hinaus verbreitete. Der Umstand, dass einzelne Juden eine wichtige Rolle in den nachfolgenden mitteleuropäischen Revolutionen von 1918/19 spielten – Rosa Luxemburg in Berlin, Kurt Eisner in München, Béla Kun in Ungarn, Victor Adler in Wien –, ließ diese Vorwürfe in den Augen antisemitischer Nationalisten umso plausibler erscheinen. Die weltweite Verbreitung der *Protokolle der Weisen von Zion* befeuerte diese ohnehin geläufigen Vorurteile nach 1919 nur noch weiter. Dass die *Protokolle* bereits 1921 als Fälschung entlarvt wurden, schmälerte ihren Einfluss auf die konterrevolutionäre Gedankenwelt keineswegs.

In Deutschland verschrieb sich Adolf Hitler in diesen Jahren einem biologischen Antisemitismus, den er mit radikalen Forderungen nach einer Revision des Versailler »Schandvertrags« verband. Wichtig ist allerdings, daran zu erinnern, dass Hitler bis zum Ausbruch der Weltwirtschaftskrise Anführer einer kleinen Splitterpartei blieb und er ohne die schweren ökonomischen Verwerfungen nach 1929 wohl niemals Reichskanzler geworden wäre.

Nach 1933 und vor allem nach 1939 sollten Hitlers Ideen zur Vertragsrevision und zur ethnischen »Bereinigung« Ostmitteleuropas auf dem Gebiet der ehemaligen Landimperien zu mörderischen »Lösungen« führen: Um eine neue »rassenreine Volksgemeinschaft« hervorzubringen, sollten »gemeinschaftsfremde Elemente« beseitigt werden. Die Idee der »bereinigten« Gesellschaft, die im Europa nach 1918 vor allem in jenen Ländern gedieh, deren Bürger vom Ausgang des »Großen Kriegs« tief enttäuscht waren, erfuhr im Vernichtungswillen der Nationalsozialisten ihre radikalste Zuspitzung.

Selbst die Zäsur nach dem Zweiten Weltkrieg löste nicht alle Probleme, die der Erste Weltkrieg und die Friedensverträge aufgeworfen hatten. Die Langzeitfolgen der radikalen Neuordnung Europas nach 1918 wurden durch den Kalten Krieg bestenfalls »eingefroren«. Dass sie nicht überwunden waren, zeigte sich in den Neunzigerjahren, als das 1918 gegründete Jugoslawien in einem blutigen Bürgerkrieg auseinanderbrach und die ebenfalls 1918 eingegangene Zweckehe von Tschechen und Slowaken in der – friedlichen – Trennung endete. Auch der bis heute schwelende Krieg zwischen Russland und der Ukraine lässt sich ohne jene lange Vorgeschichte kaum verstehen, ohne den historischen Konflikt

Die langen Schatten von 1918/19 reichen bis in unsere Zeit

zwischen ukrainischem Unabhängigkeitsstreben und gewaltsamen russischen Gegenreaktionen, der 1918 seinen ersten Höhepunkt erreichte und sich danach über das gesamte 20. Jahrhundert erstreckte.

Noch deutlicher freilich lassen sich die langen Schatten der Jahre 1918/19 im Nahen Osten erkennen, der seit dem Ende des Ersten Weltkriegs nie wirklich zur Ruhe gekommen ist. Dass es um die Jahreswende 2018/19 noch immer blutige Konflikte zwischen jüdischen Siedlern und Palästinensern gibt, Bürgerkriege in Syrien, im Irak und in Afghanistan, veranschaulicht die unverminderte Brisanz, die das Erbe des Ersten Weltkriegs und der Pariser Friedensverträge in sich trägt. ∎

ROBERT GERWARTH *ist Professor für Neueste Geschichte und Direktor des Zentrums für Kriegsstudien am University College Dublin*

Kosten, Kilometer und Kühe

Die Friedenskonferenz von Paris ist in jeder Hinsicht ein Großereignis. Ein Überblick in Zahlen

27

Staaten

nehmen ab dem 18. Januar 1919 an der Friedenskonferenz in Paris teil. Dazu kommen die vier britischen Dominions Kanada, Australien, Neuseeland und Südafrika sowie Indien, die mit eigenen Delegationen vertreten sind. Die deutsche Delegation wird erst im Mai empfangen

1

Land

unterschreibt den Versailler Vertrag am 28. Juni nicht: China, aus Protest gegen im Dokument festgehaltene japanische Besitzansprüche. Die USA unterzeichnen den Vertrag, ratifizieren ihn später aber nicht

10.000

Teilnehmer

reisen zur Konferenz nach Paris, vor allem Staatschefs, Berater, Diplomaten, Ökonomen, Juristen, Geografen, Kartografen, Übersetzer und Journalisten

1646

Sitzungen

halten die 58 Ausschüsse insgesamt ab. Sie werden dominiert von den Großmächten. Das Gesamtplenum der Konferenz, in dem alle Nationen vertreten sind, tagt dagegen nur achtmal

505.000

Pfund Sterling

geben britische Ministerien bis September 1919 für Hotelübernachtungen, Reisen, Verpflegung und Arbeitsmaterial ihrer Delegierten aus

200

Treffen

in 125 Tagen absolviert der »Rat der Vier«, das Machtzentrum der Konferenz. Die Regierungschefs der USA, Frankreichs, Großbritanniens und Italiens kommen also zum Teil mehrmals täglich zusammen

SCHLOSSALLEE: Am 28. Juni 1919 säumen Fahnenträger

11

Staaten

entstehen von 1918 bis 1923 in Europa
neu oder werden unabhängig: Finnland, Estland,
Litauen, Lettland, Polen, die Tschechoslowakei,
Ungarn, das spätere Jugoslawien, Island, Irland
und die Türkei

237

Abgeordnete

der Weimarer
Nationalversammlung
stimmen am 22. Juni 1919
für die Unterzeichnung
des Versailler Vertrages,
138 Abgeordnete
votieren dagegen,
fünf enthalten sich

440

Artikel

enthält der Versailler Vertrag. Nummer 231
wird in Deutschland als »Kriegsschuldparagraph« bekannt. Er erklärt das Deutsche Reich
und seine Verbündeten zum »Urheber« des
Krieges. Damit soll eine rechtliche Grundlage
für Reparationen geschaffen werden

70.000

Quadratkilometer

Staatsgebiet verliert das Deutsche Reich durch
den Versailler Vertrag, die Kolonien nicht eingerechnet.
Die größten Gebiete sind Elsass-Lothringen (an
Frankreich) sowie die Provinz Posen, Westpreußen
und Teile Oberschlesiens (an Polen)

80.000

Wörter

umfasst der Versailler Vertrag (in seiner
deutschen Fassung). Er ist damit der längste
Friedensvertrag der Geschichte

500

Zuchthengste

soll Deutschland als Teil der Reparationen an
Frankreich liefern, 200 an Belgien. Außerdem
insgesamt 120.000 Schafe und 140.000 Milchkühe
an beide Nachbarn

5000

Kilometer

Grenzen werden nach 1919 in Europa neu gezogen.
Große Imperien wie das Habsburgerreich zerfallen, während
viele kleinere Staaten neu entstehen. Die Gesamtlänge der
Grenzen wächst von 13.000 (vor 1914) auf 16.000 Kilometer

zu Pferde den Weg zur Vertragsunterzeichnung in Versailles

Ferdinand Foch, Marschall von Frankreich, fragt die Deutschen, warum sie gekommen seien. Er weiß genau, warum. Der geschlagene Gegner will den Waffenstillstand. Es ist der Vormittag des 8. November 1918, die deutschen und alliierten Delegierten sitzen in einem Eisenbahn-Salonwagen auf einer Waldlichtung nahe dem nordfranzösischen Compiègne. Staatssekretär Matthias Erzberger antwortet, man wolle die Vorschläge der Verbündeten für einen Waffenstillstand hören. »Ich habe keine Vorschläge zu machen«, erwidert Foch knapp.

Es sind quälende Minuten. Alfred Graf von Oberndorff aus der deutschen Delegation fragt, wie man sich nach Fochs Wunsch ausdrücken solle. Man bitte um die Bedingungen für einen Waffenstillstand. »Ich habe keine Bedingungen zu stellen«, tönt es aus Fochs Mund.

Die Deutschen sind ratlos. Dann verweist Erzberger auf Aussagen des US-Präsidenten Woodrow Wilson, wonach Foch ermächtigt sei, die Waffenstillstandsbedingungen bekannt zu geben. Foch sagt, er sei ermächtigt, diese Bedingungen bekannt zu geben, wenn die Deutschen den Waffenstillstand verlangen. »Verlangen Sie den Waffenstillstand?« Die Deutschen bejahen. Endlich geht es zum eigentlichen Thema.

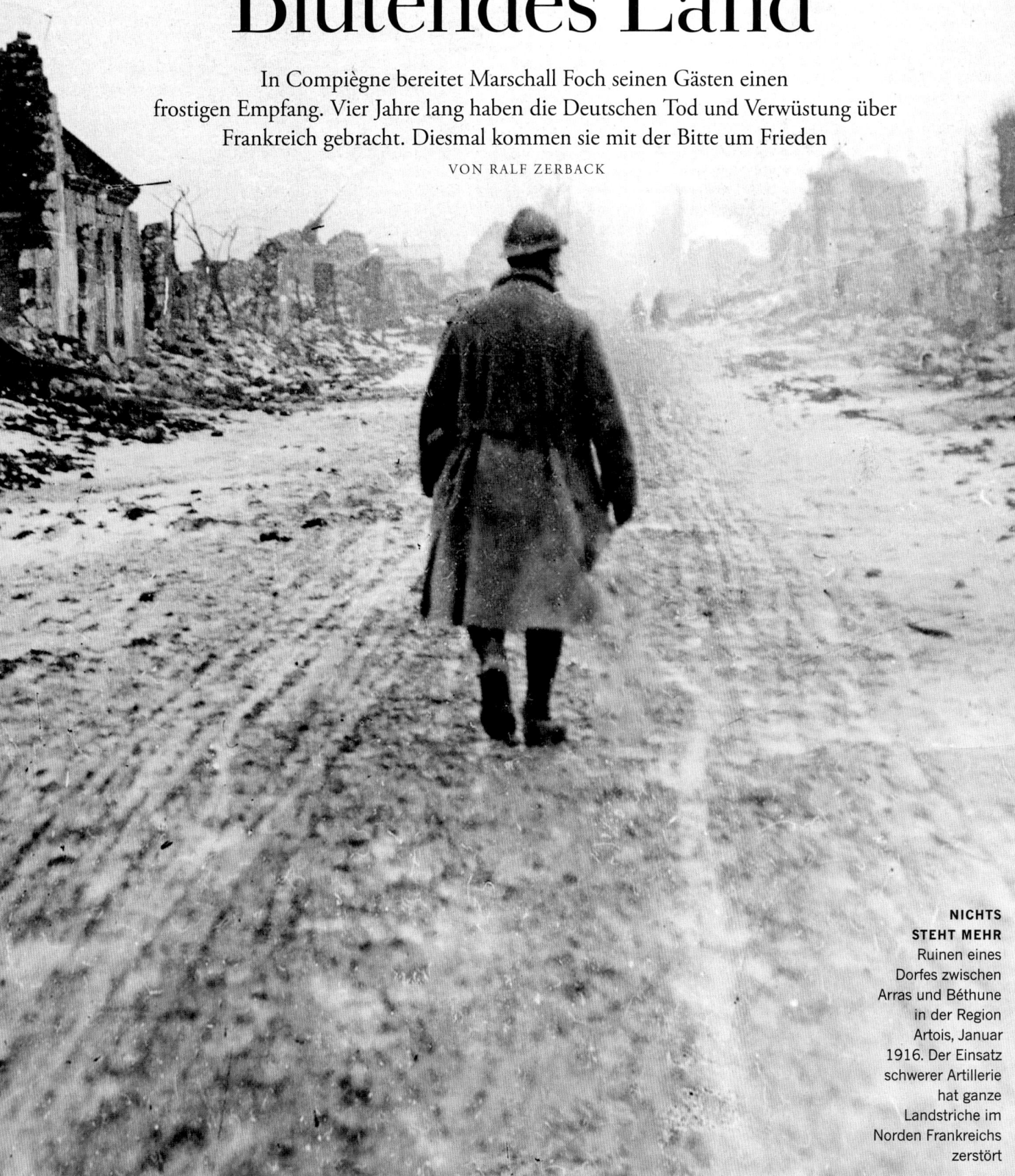

Blutendes Land

In Compiègne bereitet Marschall Foch seinen Gästen einen
frostigen Empfang. Vier Jahre lang haben die Deutschen Tod und Verwüstung über
Frankreich gebracht. Diesmal kommen sie mit der Bitte um Frieden

VON RALF ZERBACK

**NICHTS
STEHT MEHR**
Ruinen eines
Dorfes zwischen
Arras und Béthune
in der Region
Artois, Januar
1916. Der Einsatz
schwerer Artillerie
hat ganze
Landstriche im
Norden Frankreichs
zerstört

Vielleicht hat Foch zuvor darüber nachgedacht, milder aufzutreten, die Deutschen nicht derart zu malträtieren. Aber das Kalkül siegt: Er will verdeutlichen, dass die Kriegsgegner nicht auf Augenhöhe sprechen. Außerdem sitzt der Schmerz zu tief – der Schmerz über die Toten, die brennende Erde und, ja, noch immer über die alte Niederlage, damals im Krieg von 1870/71.

Nun liegen nochmals vier Jahre Krieg hinter den Männern im Waggon. Entsetzliche Jahre. Seit 1916 kennt die Welt ein neues Wort für die Hölle: Verdun. Beide Seiten hatten sich in die Idee verbissen, dass genau hier der große Krieg entschieden werden soll, auf einem öden Flecken aus matschigem Brei, alsbald vollgesoffen mit Blut und gespickt mit Narben aus Schützengräben. Rückte eine Armee ein Dutzend Meter vor, wurde es als Erfolg gefeiert, die Woche darauf musste sie schon wieder zurück.

Foch kündigt an, dass nun die Bedingungen des Waffenstillstands vorgetragen werden. Der französische Generalstabschef General Maxime Weygand liest vor: Sofortige Räumung der besetzten Gebiete in Frankreich, Belgien, Luxemburg. Das versteht sich von selbst. Räumung von Elsass-Lothringen. Auch dies ist für die Deutschen keine große Überraschung. In der ersten Version wird die Provinz als »bcsctzt« bezeichnet, gleich den im Krieg eroberten Landstrichen. Später wird die Formulierung auf deutschen Wunsch abgeändert.

WEISSE FAHNE
Im offenen Wagen überqueren Matthias Erzberger (links) und seine Delegation vom belgischen Spa aus die Frontlinie

Elsass-Lothringen: Für die Franzosen ist die deutsche Annexion 1871 eine schmerzhafte Verstümmelung, eine tiefe Schmach, die jedes Einvernehmen mit dem Nachbarn unmöglich macht. Damals neigte die Bevölkerung der Ostprovinzen eher Frankreich zu, obwohl sie überwiegend deutschsprachig war. Nun soll das deutsche »Reichsland«, zu dem Nordlothringen und das Elsass künstlich zusammengepresst worden sind, wieder zurück nach Frankreich kommen; es ist ein ewiges Hin und Her mit diesem Landstrich.

Weygand zählt auf, was die Deutschen liefern sollen: 5000 Kanonen, 30.000 Maschinengewehre, 3000 Minenwerfer, 2000 Militärflugzeuge. An zivilem Material: 5000 Lokomotiven, 150.000 Eisenbahnwagen, 10.000 Lkw.

Die Deutschen sollen nie wieder die Kraft haben, in Frankreich einzumarschieren, so hoffen die Franzosen, so hofft Foch. Er sitzt nahezu unbewegt am Tisch, zupft nur bisweilen an seinem Schnurrbart. Denkt er in diesem Moment an Reims, an die dortige Kathedrale? An jene Barbarei vom September 1914, als kurz nach Kriegsbeginn deutsche Truppen 25 Granaten in das Wunderwerk der Hochgotik jagten? Die Kirche ist den Franzosen heilig, weniger als Stätte des Glaubens, sondern wegen ihrer historischen Grandeur. Sie war der Krönungsort von über 40 französischen Königen; zuletzt hatte Karl X. 1825 das uralte Ritual wiederaufleben lassen.

Weygand liest weiter. Das komplette Rheinland, also alles linksrheinische Land, muss geräumt und soll von den Alliierten besetzt werden. Dazu rechtsrheinische Brückenköpfe um Mainz, Koblenz und Köln. Außerdem rechts des Rheins eine 40 Kilometer breite Zone, die neutral bleiben soll.

Am liebsten würden viele Franzosen das Rheinland annektieren, so wie damals, um 1800, nach der Französischen Revolution. Doch Briten und Amerikaner spielen dabei nicht mit.

Die Annexionslust der Franzosen hängt freilich auch mit den deutschen Kriegszielen zusammen, denn sie wissen, was der Nachbar im Fall des Sieges alles hätte aufschlucken wollen. Ein Teil Frankreichs wäre deutsch geworden, während das übrige Land in einem riesigen »mitteleuropäischen Wirtschaftsverband« aufgehen sollte, dessen Mitglieder nur äußerlich gleichberechtigt gewesen wären, tatsächlich aber »unter deutscher Führung« gestanden hätten.

Weitere Bestimmungen des Waffenstillstands folgen: Freilassung aller Kriegsgefangenen, Auslieferung oder Abrüstung der Flotte. Im Osten Rückzug aus allen besetzten Gebieten. Aufhebung des Vertrags von Brest-Litowsk.

Deutsche Truppen stehen tief im Osten Europas, seitdem das Reich nach Lenins Oktoberrevolution mit den Sowjets einen Waffenstillstand und später den Friedensvertrag von Brest-Litowsk geschlossen hat. Die Deutschen sind bis zum Don marschiert, überwältigt von einem Heißhunger auf Land und Bodenschätze. Es ist ein Vorgeschmack auf das, was später die Nationalsozialisten als monströse Ostkolonie ins Auge fassen.

Weygand ist fertig. Foch ist zufrieden, es ist seine Stunde. Der Marschall, ein »kleiner Mann mit harten, energischen Zügen«, wie Erzberger ihn schildert, hatte den Waffenstillstand weitgehend selbst ausgearbeitet und bei den Alliierten durchsetzen können.

Als oberster Militär Frankreichs gehört Foch zum Triumvirat, das die Politik seines Landes bestimmt. Neben ihm zählen Ministerpräsident Georges Clemenceau und Staatspräsident Raymond Poincaré dazu; die drei bilden ein kompliziertes und spannungsreiches Machtdreieck. Foch und Poincaré würden Deutschland gern über den Rhein zurückdrängen, Clemenceau ist hier milder. Dagegen sind sich Foch und Clemenceau einig, dass jetzt der Zeitpunkt für den Waffenstillstand gekommen ist. Poincaré hätte gern noch weitergekämpft, um den Krieg ins Deutsche Reich zu tragen.

Einmal sagt Foch Clemenceau ins Gesicht, er sei nicht sein Untergebener. Diese Grille habe ihm Poincaré in den Kopf gesetzt, vermutet Clemenceau. Foch bezieht dieses Selbstverständnis aus der Tatsache, dass er Kommandierender nicht nur der französischen Streitkräfte, sondern der gesamten alliierten Westarmee ist, also auch von Briten und Amerikanern. Es ist ein Gemenge aus Eitelkeiten, Vorurteilen und echten Meinungsunterschieden, das die drei Männer zu Streithähnen macht, und es ist die Notwendigkeit, einen Frieden zu schaffen, die sie immer wieder zusammenbringt.

Erzberger überlegt. Der verlesene Text glich eher einer Kapitulation als einem Waffenstillstand. Wie rasch war die Sitzung im Salonwagen vorübergegangen nach dem zähen Einstieg! Es gab keine Zwischenfragen, keine Bemerkungen, Schlag auf Schlag kamen die Bedingungen, harte Bedingungen, binnen Kurzem war alles vorüber, es dauerte gerade mal eine Dreiviertelstunde.

Dabei war Erzbergers Anreise vom deutschen Hauptquartier in Spa nach Compiègne langwierig und mühsam gewesen. Es war zu einem Autounfall gekommen, überall behinderten die zurückströmenden deutschen Truppen das Vorankommen, Sperren und Minen mussten für Erzberger und seine Begleiter geräumt werden. Am vorderen Auto befand sich eine weiße Fahne, eilig gebastelt aus einem Bambusrohr und einem Bettlaken. Als der Tross hinter die deutsche Front kam, wurde er von Franzosen mit Händeklatschen begrüßt: »*Finie la guerre?*«

Erzberger und sein Team mussten dann in französische Autos umsteigen und bekamen französische Offiziere als Begleiter. Der deutsche Staatssekretär sah die Verheerungen des Krieges, so in Guise, so in Chauny, »das vollständig zerstört war«, wie er in seinen Erinnerungen schreibt: »Bei Mondschein ragten die Überreste gespenstisch in die Luft.« Wollen die Franzosen ihm bewusst das graue, grausige Bild der Verwüstung zeigen?

Der Krieg im Westen war nach der Eroberung Belgiens und Luxemburgs fast ausschließlich auf französischem Boden geführt worden; die Industrieregionen im Norden sind zerstört wie auch die fruchtbaren Gebiete im Osten. Jeder zehnte männliche Franzose ist tot oder vermisst.

Im wüst demolierten Städtchen Tergnier stiegen die Mitglieder der deutschen Delegation in einen Sonderzug um, »über die Trümmer hinweg«, wie sich Erzberger erinnerte. Erst am Ende der Fahrt erfuhren sie, dass die Verhandlungen in Compiègne stattfinden sollen. Der Zug traf mit zwölf Stunden Verspätung am 8. November um sieben Uhr morgens dort ein. Noch am selben Vormittag betrat Erzberger den Salonwagen mit dem zweieinhalb Meter langen Tisch, auf jeder Seite vier Plätze. Neben Foch und Weygand saßen zwei britische Marineoffiziere.

Nach Ende der Sitzung muss Erzberger die Zustimmung der Reichsregierung in Berlin einholen. Foch gewährt hierfür 72 Stunden, die von den Deutschen gewünschte Fristverlängerung lehnt er ab. Der Marschall ergänzt noch, dass Deutschland die Vorschläge nur in Gänze annehmen oder ablehnen könne, ein Drittes gebe es nicht.

Am Nachmittag kommt es zu privaten Gesprächen zwischen den Deutschen und den Alliierten. Erzberger versucht, Milderungen zu erreichen, aber der Kriegsgegner ist misstrauisch. Haben die Deutschen einen Geheimplan? Wollen sie Zeit schinden, sich sammeln, wieder angreifen? Für Foch muss es jetzt schnell gehen.

Dennoch übergeben die Deutschen am kommenden Morgen – es ist Samstag, der 9. November – dem Marschall Gegenvorschläge. Foch erfährt, was die Deutschen anstreben: eine Verlängerung der Räumungsfristen, auf dem rechten Rheinufer keine Brückenköpfe und keine neutrale Zone, weniger abzuliefernds Material, einen ehrenvollen Abzug aus

**LASTER UND
TROPHÄE**

Nach dem Sieg
über Frankreich
lässt Hitler den
Waggon aus
Compiègne nach
Berlin bringen und
als »Beutestück«
im Lustgarten
ausstellen

Deutsch-Ostafrika, die Aufhebung der Seeblockade. In der Nacht hört Erzberger, dass es in Berlin eine neue Regierung unter dem SPD-Vorsitzenden Friedrich Ebert gibt. Ist Deutschland noch eine Monarchie oder schon eine Republik? Er weiß es nicht.

Tags darauf bespricht sich Erzberger mit den anwesenden Briten. Die haben Angst, dass die neue Berliner Regierung dem Waffenstillstand nicht zustimmen kann. Derweil brütet Foch über den Änderungswünschen, die ihm die Deutschen gegeben haben. Er will weiter Härte zeigen. Inzwischen ist er sich sicher, dass die Deutschen Frieden um jeden Preis wollen. Dem Verbindungsoffizier zur Regierung, Émile Herbillon, sagt er, die Deutschen seien stärker geschlagen, als er selbst geglaubt habe, sie würden alles akzeptieren. Am Abend erteilt er Erzberger die Antwort: so gut wie keine Veränderungen.

Nun mahnt Weygand die Zustimmung aus Berlin an, denn am kommenden Morgen um elf Uhr läuft das Ultimatum ab. Abends um acht kommt aber nur das Plazet der Obersten Heeresleitung (OHL) aus Spa. Wo bleibt Berlin? Die Männer in Compiègne werden nervös, Deutsche wie Alliierte. Stunde um Stunde verrinnt, endlich trifft um 22.30 Uhr die Depesche ein, unterzeichnet mit »Reichskanzler«: Der Waffenstillstand könne unterschrieben werden. Erst später erfährt Erzberger: Die angebliche Depesche des Reichskanzlers stammte gar nicht aus Berlin. Die OHL in Spa hatte kurzerhand im Namen der Reichsregierung die Nachricht abgesandt, da man befürchtete, die Frist könne sonst überschritten werden.

Noch in derselben Nacht, um 2.15 Uhr, setzen sich Foch und die Deutschen zusammen. Fast drei Stunden wird nochmals jedes Detail verhandelt. Tatsächlich gibt der Marschall nun in einigen Punkten nach. Deutschland muss etwas weniger Material liefern, die neutrale Zone soll lediglich zehn Kilometer breit sein, die Räumungsfristen werden ein wenig verlängert. Außerdem garantieren die Alliierten die Versorgung Deutschlands mit Lebensmitteln, denn Erz-

berger hatte auf die Hungersnot hingewiesen, nicht zuletzt aufgrund der englischen Seeblockade.

Am frühen Morgen des 11. November, um kurz nach fünf, unterschreiben beide Parteien die Vereinbarung. Foch sei ihm sehr würdig, ruhig und fest erschienen, erinnert sich der britische Admiral George Hope. Erzberger wiederum sei offensichtlich erfreut gewesen, dass die Sache vorüber war. Foch hört Erzberger sagen: »Ein Volk von 70 Millionen leidet, aber es stirbt nicht.« – *»Très bien!«*, antwortet er. Die Männer erheben sich und scheiden ohne Händedruck voneinander. Der 11. November ist bis heute der große französische Erinnerungstag, übertroffen allein vom 14. Juli.

Gegen elf Uhr reist Erzberger ab. Zum selben Zeitpunkt werden an allen Fronten die Kriegshandlungen eingestellt. Am folgenden Tag gibt Foch den Tagesbefehl aus: »Offiziere, Unteroffiziere, Soldaten der verbündeten Armeen! [...] Ihr habt die größte Schlacht der Geschichte gewonnen und die heiligste Sache, die Freiheit der Welt, gerettet.« Doch bis es endlich zum Frieden von Versailles kommt, vergehen Monate. Noch dreimal muss der Waffenstillstand verlängert werden, jedes Mal im selben Salonwagen, nun jedoch auf deutschem Boden, in Trier.

Der Waggon mit der Nummer 2419 D wird zum Symbol für das Auf und Ab der deutsch-französischen Geschichte. Jahrelang ist er in Paris zu besichtigen, bevor er 1927 in einem neu errichteten Museum in Compiègne ausgestellt wird. Nach dem Sieg der deutschen Wehrmacht 1940 lässt Adolf Hitler aus kleinlichem Rachewillen den Wagen an denselben Ort wie 1918 bringen und dort den Waffenstillstand schließen. Wo einst Foch und Erzberger saßen, nehmen nun Wilhelm Keitel und Charles Huntziger Platz. Nicht im Waggon ist Frankreichs Oberbefehlshaber. Sein Name: Maxime Weygand – jener General, der einst, 1918, den Waffenstillstand verlesen hatte.

Der Wagen wird anschließend nach Deutschland gebracht, wo er 1945 im thüringischen Crawinkel ausbrennt. Den Unterbau benützt die Reichsbahn der DDR bis zur Verschrottung 1986.

2007 wird in Crawinkel ein Friedensdenkmal errichtet, und in Compiègne wird zum Zeichen der Versöhnung ein Baum aus Thüringen gepflanzt. Ein Krieg zwischen den beiden Ländern ist undenkbar geworden. Niemals hätten sich die Beteiligten von einst dies erträumt, Foch, Erzberger, die Franzosen, die Deutschen. ■

RALF ZERBACK *ist Journalist
und Historiker. Er lebt in Frankfurt am Main*

Friedenskonferenz und »deutsche Frage«

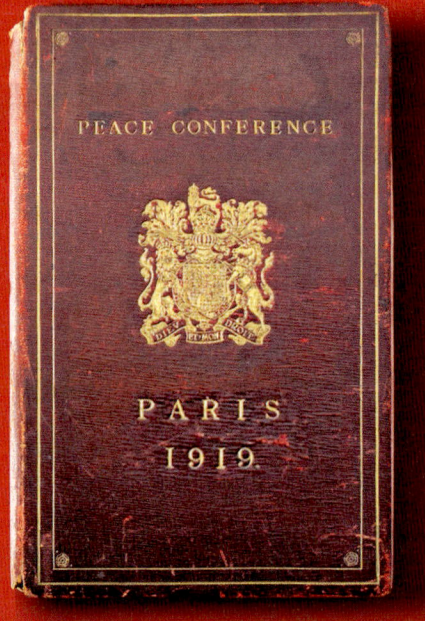

Schreibmappe, die der britische Premier David Lloyd George
während der Verhandlungen benutzte

Alle Welt schaut nach Paris

Tausende Diplomaten und Staatenlenker
treffen sich 1919 an der Seine.
Doch die wichtigsten Entscheidungen fallen
im kleinen Kreis VON KERSTEN KNIPP

Manche Landkarten sind kleine Kunstwerke: Sie bestechen durch Kolorierung und Strich, durch Präzision und Eleganz. Je nachdem, welchen Winkel der Welt sie abbilden und welches Thema sie veranschaulichen, muten sie unterschiedlich an: Harte Brüche erscheinen als klare Kontraste, während man allmähliche Übergänge an sanften Farbwechseln erkennt. Es ist der Versuch, das Wirrwarr der Welt in eine geordnete Zeichnung zu übersetzen. Dabei entstehen jedoch keine unschuldigen Abbilder der Wirklichkeit. Karten haben etwas Trügerisches, ihre Perfektion suggeriert eine Eindeutigkeit, die es real nicht gibt. Mehr noch: Karten können einem Landstrich seine politische, ökonomische und kulturelle Wirklichkeit überhaupt erst vorgeben.

Genau das taten die Kartografen, als sie während der Pariser Friedenskonferenz von Januar 1919 an die Welt zu Papier brachten: Ihre Karten entwarfen eine politisch erst noch zu begründende Realität. An ihren Zeichentischen entwarfen sie die Ordnung, die in Paris geschaffen werden sollte. Die Kartografen sollten die Argumente der Politiker und Unterhändler unterfüttern – mit Material, das selten über alle Zweifel erhaben war. Nicht wenige ihrer Zeichnungen, so fasste es der amerikanische Chefkartograf Isaiah Bowman zusammen, dienten der

reinen Manipulation. »Es bräuchte eine gewaltige Monografie«, schrieb er, »um eine Analyse all der Typen kartografischer Fälschungen zu erstellen, die der Krieg und der Frieden veranlassten. Eine Karte war ein glänzendes Poster, und allein der Umstand, dass es sich um eine Karte handelte, verschafften ihr Respekt und den Anschein von Authentizität. Eine manipulierte Karte hingegen war der Rettungsring für manches strauchelnde Argument.«

Karten über Karten wurden für die Sitzungen der Pariser Friedenskonferenz gefertigt – jede Delegation hatte ihre Zeichner mitgebracht. Allein die Amerikaner beschäftigten etwa 100 von ihnen. Der Aufwand schien gerechtfertigt, denn die Aufgabe konnte größer kaum sein: Teile der arabischen Welt und Asiens wurden neu konfektioniert. Vor allem aber traf es Europa: Elf neue Staaten entstanden auf dem alten Kontinent; neue Grenzen wurden gezogen, Nationen und ihre Bevölkerungen neu definiert.

Besiegelt wurde die neue Ordnung durch die fünf Verträge, die zwischen Juni 1919 und August 1920 in den Pariser Vororten Versailles, Saint-Germain, Neuilly-sur-Seine, Trianon und Sèvres unterzeichnet wurden. Sie sollten das Schicksal des Kontinents bis ins 21. Jahrhundert hinein bestimmen.

Der junge britische Diplomat Harold Nicolson erinnerte sich, dass zumindest die Idealisten unter den nach Paris entsandten Unterhändlern mit großem, fast heiligem Ernst an ihre Aufgabe gingen: »Wir bereiteten nicht einfach Frieden, sondern ewigen Frieden vor«, schrieb er später. »Uns umgab der Schein einer heiligen Nation. Wir mussten aufmerksam, streng, aufrichtig und asketisch sein. Denn wir waren im Begriff, große, dauerhafte und edle Dinge zu tun.« Diese Dinge galt es möglichst fehlerfrei zu erledigen. Eindringlich erinnerte US-Präsident Woodrow Wilson daran, was auf dem Spiel stand: »Wenn es nicht richtig funktioniert, wird die Welt Zeter und Mordio schreien.«

Mit entsprechend viel Personal reisten die Vertreter der 27 mit Deutschland im Krieg stehenden Staaten nach Paris, als die Konferenz im Januar 1919 begann: Über 10.000 Sachverständige, Vertreter, Unterhändler, Diplomaten und Politiker waren während jener gut zwölf Monate an den Verhandlungen beteiligt. Sie tagten in 58 Ausschüssen, beobachtet von rund 500 Journalisten. Allein in der Vollversammlung saßen mehr als 1000 Abgeordnete. Aufmerksam wachten sie über die Interessen ihrer Staaten, stets darauf bedacht, dass die Vorteile der anderen nicht auf Kosten des eigenen Landes gingen.

NEUGIER UND FREUDE Schaulustige warten vor dem Zaun des französischen Außenministeriums am Quai d'Orsay, wo die Vertreter der Siegermächte tagen

Eigentlich hatte die Konferenz in Paris nur der Vorverständigung der Siegermächte dienen und zu einem Präliminarfrieden führen sollen – der dann wie bei früheren Friedensschlüssen auf einem größeren Kongress mit den Verlierernationen verhandelt würde. Doch die Alliierten änderten ihre Pläne im Frühjahr 1919, weil die Verhandlungen untereinander kompliziert und langwierig genug waren.

Eine solche Mammutkonferenz wurde auch logistisch zu einer gewaltigen Herausforderung. Allein die Briten waren, zusammen mit den Vertretern ihrer Kolonien, zuletzt mit mehr als 1000 Mitarbeitern in Paris vertreten. Zunächst hatten sie nur das Hotel Astoria und das Hotel Majestic in der Avenue Kléber angemietet. Doch deren Kapazitäten – allein das Astoria hatte 430 Zimmer – waren bald erschöpft. Immer

neue Buchungswünsche erreichten die britische Botschaft in Paris; deren Leiter, Edward Stanley, 17th Earl of Derby, kam den Anfragen kaum hinterher. »Es vergeht nicht ein Tag, an dem mich keine Telegramme erreichen, die mich bitten, die Unterbringung von Tom, Dick oder Harry zu gewährleisten«, klagte er bereits im Vorfeld der Konferenz. Stanley mietete in strenger Absprache mit dem Finanzministerium zunächst das Hotel La Pelouse an, anschließend noch das Baltimore und das d'Albe.

Im Februar 1919 untersagte Außenminister Arthur James Balfour ein weiteres Anwachsen der nach Paris entsandten Delegation. Sie war längst groß genug, um eine Atmosphäre ganz eigener Art zu entfalten: Die Mahlzeiten im Hotel Majestic seien amüsant,

notierte der britische Diplomat Esme Howard, »wie zu Beginn einer Reise auf einem großen Transatlantik-Dampfer, wenn man all die Leute anschaut und sich fragt, wer sie sind. Nach und nach trifft man sie und macht ihre Bekanntschaft.«

Gelegenheit, einander kennenzulernen, hatten die Diplomaten ausgiebig. Die Verhandlungen, in denen sie sich begegneten, verliefen zäh. Die 17 Millionen Toten des Krieges lasteten wie eine drückende Hypothek auf der Konferenz: Es schien schwer, vielleicht sogar unmöglich, zu verzeihen und sich anzunähern. »Die Stimmung jener Zeit vorausgesetzt und die leidenschaftliche Erregung, die sich in den vier Kriegsjahren aller Demokratien bemächtigt hatte, wäre es auch für Übermenschen unmöglich gewesen, einen Frieden der Mäßigung und Gerechtigkeit zu ersinnen«, fasste Diplomat Nicolson seine Eindrücke zusammen.

Wie sollte es da gelingen, neue Länder und damit neue Loyalitäten zu schaffen? Sollte man tatsächlich Menschen, die einander kurz zuvor noch bekämpft hatten, in einem Staat zusammenfassen? Konnte das gut gehen?

Alle, fast alle, die in den Jahren des Krieges viel verloren hatten, verlangten in Paris mindestens Entschädigung; die meisten wollten einen Gewinn einstreichen. All die Opfer sollten nicht umsonst gebracht, all die Schlachten nicht vergeblich geschlagen worden sein. Gewiss, ein stabiles, dauerhaft befriedetes Europa lag den Parteien in Paris am Herzen. Aber mindestens ebenso legten sie Wert darauf, ihre nationalen Interessen durchzusetzen.

Dies bedeutete, dass die Verhandlungen um neue Grenzen auf ein Nullsummenspiel hinausliefen, denn Gebietsgewinne auf einer Seite führten zu Verlusten auf einer anderen. Einigte man sich nicht auf ein höheres Ziel, nämlich die Stabilität des Gesamtkontinents, mussten jene Staaten, die in der Summe Gebiete verloren, sich als Besiegte oder, schlimmer noch, als Betrogene empfinden. Entsprechend hart und unnachgiebig gaben sich die Gesandten in Paris, entsprechend misstrauisch waren sie; stets auf der Hut, nicht übervorteilt zu werden.

Schnell stellte sich heraus, dass die Vollversammlung der Konferenz wegen ihrer über 1000 Delegierten nicht arbeitsfähig war. So bildete sich zunächst ein »Rat der Zehn«, in dem sich die Vertreter der zehn bedeutendsten Nationen zusammenfanden. Doch selbst dieses Gremium erwies sich für die Dimension und Komplexität der zu lösenden Fragen als zu groß. Mitte März 1919 verkleinerte es sich auf die strikt begrenzte – und demokratisch noch weniger legitimierte – Gesprächsrunde der wichtigsten Regierungschefs, den »Rat der Vier«: Neben US-Präsident Wilson nahmen der Franzose Georges Clemenceau, der Brite David Lloyd George und der Italiener Vittorio Emanuele Orlando daran teil. Sie diskutierten und entschieden von nun an weitgehend unter sich. Das demokratische Prinzip, von Wilson zur diplomatischen Norm erhoben, hatte während der Verhandlungen nur eine bestenfalls relative Gültigkeit. »Vier Könige oder Kaiser hätten die Konferenz nicht auf autokratischere Weise leiten können«, bemerkte Lord George Riddell, der britische Presseoffizier.

Auch aus der kleinen Runde der mächtigen Siegerstaaten ließen sich Misstrauen und Hektik nicht verbannen. Die Atmosphäre war aufgeladen, nervös, angespannt – und alles andere als geeignet, zielführend zu arbeiten. Wilson und Lloyd George »befanden sich im Zentrum einer aufgeregten Menge, eines Stimmengewirrs, eines Durcheinanders eilfertig hingeworfener Kompromisse und Gegenkompromisse, eines Lärms ohne jede Bedeutung für die eigentliche Frage«, erinnerte sich der Ökonom John Maynard Keynes, der als Berater der britischen Delegation an der Konferenz teilnahm.

Vielleicht konnte es anders kaum sein? Der Rat der Vier ließ sich von 52 Kommissionen zuarbeiten, die mit unterschiedlichsten Themen befasst waren – in der Regel, ohne von den Beschlüssen der anderen Gruppen zu erfahren. So standen insbesondere die Ergebnisse jener Ausschüsse, die sich mit der territorialen Neugliederung Europas befassten, häufig im Widerspruch zu Empfehlungen anderer Gruppen.

Ganz gleich, welche Vorschläge die Kommissionen erarbeiteten, immer wähnten sie sich unter erheblichem Zeitdruck. Eile bestimmte auch die Atmosphäre im Rat der Vier. Die Empfehlungen der Arbeitsgruppen erörterte das höchste Gremium bestenfalls oberflächlich, teils auch überhaupt nicht. Welches Pensum Wilson, Clemenceau, Lloyd George und Orlando an einem gewöhnlichen Arbeitstag zu bewältigen hatten, zeigt ein Blick in den Terminkalender am 22. April: Zuerst ging es um die Zukunft Elsass-Lothringens, dann um den Zuschnitt Syriens und Palästinas, weiter um Arrangements mit den Unterhändlern der Deutschen, Vorschläge zur Entmilitarisierung des Rheinlands, amerikanische Garantien für Frankreich, Verhandlungen mit Japanern und Chinesen über japanische Gebietsansprüche in China – und schließlich besprach man italienische Ansprüche an der Adria.

Tatsächlich vermischten sich die Themen immer stärker miteinander: »Morgen habe ich ein Abend-essen mit dem rumänischen Führer Ion Brătianu«, schrieb der Historiker Charles Seymour, Berater der Amerikaner, seiner Frau; »am Sonntag steht ein Mittagessen mit italienischen Liberalen an, am selben Tag ein Abendessen mit den Serben und dann am Montag ein Abendessen mit den Tschechoslowaken – Kramarz und Beneš.«

Geordnet und systematisch ließ sich in dieser Atmosphäre kaum arbeiten. Die zu verhandelnden Probleme waren dafür schlicht zu groß, die Zeit zu knapp. Gewiss, die Diplomaten leisteten viel in jenen Pariser Frühlings- und Sommermonaten. Doch der vorläufige, teils willkürliche und darum auch fragwürdige Charakter ihres Schaffens war ihnen durchweg bewusst. Harold Nicolson beschrieb ihre Arbeit in lakonischen Worten: »Während das Wasser draußen auf die Lilien rieselt, wird dort [in den Verhandlungszimmern des französischen Außenministeriums] das Schicksal des österreichisch-ungarischen Reichs endgültig geregelt. Ungarn wird von diesen vornehmen Herren behäbig und zugleich auf unverantwortliche Weise zerteilt. Derweil warten draußen voller Ungeduld die Experten, während Arthur James Balfour in den Momenten dialektischer Erörterung der Nebenaspekte dieser Teilung ins Dösen gerät. Gleichzeitig zeichnet [US-Außenminister] Lansing Fabelwesen in sein Heft, und [der französische Außenminister] Pichon, sich in seinem großen Stuhl verkriechend, blinzelt wie eine Eule. So wird eine Entscheidung nach der anderen gefällt. Während die Fliegen durch die offenen Fenster schwirren, verliert Ungarn seinen Norden und Osten. Dann kommt die Grenze zu Österreich, die bleibt, wie sie ist. Dann kommt die Grenze zu Süd-Slawien. Dann kommen Tee und Makronen.«

Tee, Makronen und die Neuordnung der Welt. Man kann nicht sagen, dass die Diplomaten in Paris zu wenig leisteten oder zu langsam waren. Heute wissen wir jedoch, dass sie eben nicht genug leisteten. Der »dauerhafte Frieden«, den Wilson Europa bescheren wollte, währte vergleichsweise kurz. Die weitsichtigsten Köpfe erkannten das bereits früh: »Das ist kein Frieden«, sagte der französische Marschall Ferdinand Foch über den Versailler Vertrag. »Es ist ein Waffenstillstand auf 20 Jahre.« Er behielt recht, auf geradezu unheimliche Weise: 20 Jahre später, im September 1939, überfiel die deutsche Wehrmacht Polen. Die Ergebnisse der Pariser Konferenz zerbarsten endgültig in dem Sturm, den Hitler und die Deutschen über Europa entfachten. ∎

KERSTEN KNIPP *ist Buchautor und Journalist. Er lebt in Köln*

WEITERLESEN
Kersten Knipp:
»Im Taumel.
1918 – Ein
europäisches
Schicksalsjahr«
Theiss Verlag,
Darmstadt 2018

Prediger des gerechten Friedens

US-Präsident Woodrow Wilson will eine neue,
liberale Weltordnung begründen, in die auch Deutschland
eingebunden wird. Er scheitert an der Machtpolitik
der Europäer – und an sich selbst VON MANFRED BERG

VOLLER OPTIMISMUS
Bei seiner Ankunft in Paris am 14. Dezember 1918 bereiten die Franzosen Woodrow Wilson (links) einen triumphalen Empfang. Frankreichs Staatschef Raymond Poincairé begleitet den US-Präsidenten in einer Kutsche durch die Innenstadt

Als der amerikanische Präsident Woodrow Wilson am 14. Dezember 1918 in Paris eintrifft, um an den bevorstehenden Friedensverhandlungen teilzunehmen, empfängt ihn die französische Hauptstadt wie einen Messias. Rund zwei Millionen Menschen drängen sich entlang der Strecke vom Bahnhof ins Zentrum, die Wilson, begleitet von Frankreichs Staatspräsident Raymond Poincaré, in einer prächtigen Kutsche zurücklegt. Überall hängen Transparente, die den US-Präsidenten hochleben lassen. Ähnliche Szenen spielen sich beim Besuch Wilsons in England und Italien ab. Und selbst unter den Verlierern des Weltkrieges keimt Hoffnung: Um die Jahreswende 1918/19 setzen auch sie auf einen »Wilson-Frieden« unter dem Banner von Selbstbestimmung und Demokratie.

Würde Wilson diese enormen Erwartungen erfüllen? Würde es ihm gelingen, seine Vision einer Neuordnung der Welt auf der Grundlage von kollektiver Friedenssicherung, Demokratie und nationaler Selbstbestimmung gegen die alte europäische Machtpolitik mit ihrer Geheimdiplomatie und ihrem ruchlosen Völkerschacher durchzusetzen? Der Präsident wähnte sich in einer Position der Stärke, da das ausgeblutete Europa wirtschaftlich und finanziell von Amerika abhängig war. Zudem glaubte er fest daran, wie er seinen Beratern auf der Überfahrt nach Frankreich anvertraute, dass »die alliierten Staatsmänner nicht wirklich ihre Völker repräsentieren« und er seine Vorstellungen von einem gerechten Frieden notfalls durch Appelle an die europäischen Nationen durchsetzen könne.

Wilson verfügte über eine diplomatische Trumpfkarte. Nicht nur das besiegte Deutschland, auch die Westalliierten hatten bei Kriegsende sein 14-Punkte-Programm vom 8. Januar 1918 als Grundlage der Verhandlungen anerkannt. Die 14 Punkte enthielten zum einen konkrete Forderungen an die Mittelmächte, darunter die Räumung Russlands, Belgiens und aller besetzten Gebiete in Frankreich sowie die Rückgabe Elsass-Lothringens. Zum anderen verkündeten sie universale Prinzipien, die den Kern der von Wilson angestrebten neuen Weltordnung bildeten: offene Diplomatie, Freiheit der Meere, Abbau von Handelsschranken, Abrüstung sowie, als Krönung, die Schaffung eines Völkerbundes als Garant des Friedens und der territorialen Integrität aller Mitgliedsstaaten.

Allerdings hatten Paris, London und Rom den 14 Punkten nur zähneknirschend zugestimmt und waren keineswegs bereit, sich amerikanischen Dogmen zu beugen. Der französische Ministerpräsident Georges Clemenceau stöhnte während der Friedenskonferenz einmal, der liebe Gott habe den Menschen lediglich zehn Gebote auferlegt, während es Wilson nicht unter vierzehn tue.

Die alliierten Regierungen strebten einen Siegfrieden an, der ihren Ländern Reparationen, territoriale Zugewinne und Sicherheit vor Deutschland garantierte. Und sie hatten ihren Völkern Rache und Wiedergutmachung versprochen. Die *boches* würden für alles zahlen müssen, hieß es in Frankreich. In England forderte Premierminister David Lloyd George vor den Parlamentswahlen im Dezember 1918: »*Hang the Kaiser!*« Winston Churchill schrieb rückblickend, Wilsons größter Irrtum sei seine völlige Verkennung der Stimmungslage der Bevölkerung gewesen. Lloyd George, Clemenceau und der italienische Regierungschef Vittorio Emanuele Orlando seien im Grunde gemäßigte Politiker gewesen, die sich gegenüber ihrer heimischen Öffentlichkeit ständig wegen ihrer Nachgiebigkeit rechtfertigen mussten. Auch in den USA verlangte die republikanische Opposition einen strengen Revanchefrieden und verdammte Wilsons Völkerbundidee als Ausverkauf nationaler Interessen.

Mitte Februar 1919 sah sich der Präsident gezwungen, für mehrere Wochen in die USA zurückzureisen, um bei den skeptischen Senatoren für den Völkerbund zu werben. Bei seiner Rückkehr nach Paris musste er feststellen, dass sein engster Berater »Colonel« Edward M. House Clemenceau eigenmächtig Zugeständnisse in der Frage der deutschen Westgrenze gemacht hatte. Wilson war außer sich vor Ärger. Hinzu kam, dass die anstrengenden Reisen den gesundheitlich anfälligen Mann stark belasteten. Anfang April, in einer entscheidenden Phase der Konferenz, erkrankte er schwer an einer fiebrigen Erkältung.

Wilsons Völkerbundidee stieß besonders bei Clemenceau auf große Vorbehalte, der nicht bereit war, Frankreichs Sicherheit vor seinem rachedurstigen Nachbarn in die Hände einer Weltorganisation zu legen. Frankreich verfolgte auf der Friedenskonferenz zwei zentrale Ziele: militärische Sicherheitsgarantien und hohe Reparationen, um den Wiederaufbau der vom Krieg verwüsteten Landesteile zu finanzieren. Ob das Deutsche Reich völlig zerschlagen werden sollte, blieb kontrovers. Der Oberkommandierende der französischen Streitkräfte, Marschall Ferdinand Foch, forderte die Rheingrenze als »natürliche Schranke« gegen eine erneute deutsche Aggression.

Das britische Kriegskabinett einigte sich Ende Dezember 1918 darauf, Wilsons Völkerbundpläne zu unterstützen, um so bei wichtigeren Fragen, vor allem bei den Reparationen und der Aufteilung des deutschen Kolonialbesitzes, Konzessionen herauszuholen. Großbritannien hatte sein wichtigstes Sicherheitsinteresse bereits im Waffenstillstandsabkommen durchgesetzt: die Auslieferung der deutschen Kriegsflotte. Eine übermäßige Schwächung, gar die Zerstückelung des

**RETTER
AUS ÜBERSEE**
Soldaten müssen
die Pariser aufs
Trottoir drängen,
damit eine Gasse
für Wilson und
Poincaré entsteht.
Den Menschen gilt
der US-Präsident
als personifizierte
Hoffnung auf
Frieden und eine
bessere Welt

Reiches widersprach hingegen der Tradition britischer Gleichgewichtspolitik sowie den eigenen Handelsinteressen. Zudem fürchtete Lloyd George, der im Laufe der Konferenz von seinen Wahlkampfparolen abrückte, dass zu harte Friedensbedingungen die Deutschen dem Bolschewismus in die Arme treiben könnten.

Auf der Pariser Friedenskonferenz erwies sich die von Wilson versprochene offene Diplomatie rasch als undurchführbar. Von Ende März an traf sich nur noch der Rat der Vier – die Regierungschefs der USA, Großbritanniens, Frankreichs und Italiens –, der einen Monat später praktisch auf eine Dreierrunde schrumpfte, da Orlando eher sporadisch teilnahm. Die Italiener wollten vor allem die Brennergrenze sowie umfangreiche Gebietserwerbungen an der dalmatinischen Küste und in der Ägäis durchsetzen und zeigten sich an den Vertragsbestimmungen für Deutschland weniger interessiert. Vertreter des Deutschen Reiches wurden zu den mündlichen Verhandlungen nicht zugelassen, um die mühsam errungenen Kompromisse zwischen den Siegern nicht zu gefährden. Ihnen wurde lediglich das Recht eingeräumt, schriftliche Gegenvorschläge zum Vertragsentwurf einzureichen.

Wilson hatte durchgesetzt, dass die von ihm entworfene Völkerbundsatzung gleich zu Beginn der Konferenz beraten werden sollte. Auf alliierter Seite hielt sich die Begeisterung für die Weltorganisation zwar in Grenzen, aber auch die Skeptiker sahen ein, dass der

Präsident keinen Friedensvertrag ohne Völkerbund schließen würde. Der australische Premier »Billy« Hughes höhnte, der Völkerbund sei Wilsons »Spielzeug«, wie ein Kind werde er nicht eher Ruhe geben, bis er es in der Hand halte. Tatsächlich sah der tiefgläubige Presbyterianer Wilson den Völkerbund als *covenant*, als von Gott gestifteten Gnadenbund, der ein für alle Mal das Übel des Krieges tilgen sollte. Der Präsident wollte in ihm gar die »Hand Gottes« am Werke sehen. Lloyd George fühlte sich bei Wilson in dieser Frage an einen »Missionar« erinnert, »der europäische Heiden dazu bekehren wollte, endlich von der Anbetung falscher Götter abzulassen«. Der britische Ökonom John Maynard Keynes, der als Vertreter des königlichen Schatzamtes an der Friedenskonferenz teilnahm, urteilte, der US-Präsident habe, um die Zustimmung der Alliierten zum Völkerbund zu erreichen, finanzielle, ökonomische und territoriale Konzessionen gemacht, die mit seinen 14 Punkten unvereinbar gewesen seien.

Keynes' harsches Urteil, Wilson sei in Paris als »blinder und tauber Don Quichote« aufgetreten, deckt sich freilich nicht mit der Sicht der alliierten Verhandlungspartner. Sie erlebten den Präsidenten keineswegs als weltfremden Idealisten, sondern als machtbewussten Politiker, der sowohl seine Prinzipien als auch amerikanische Interessen hartleibig verteidigte. Bei den Beratungen über die Friedensbedingungen für Deutschland ging Wilson bis an den Rand des Konferenzabbruchs, um die Zerstückelung des Reiches zu verhindern.

QUARTETT DER MÄCHTIGEN
In einer Pause tritt der Rat der Vier hinaus auf den Balkon des Hôtel de Crillon: (v. l.) David Lloyd George, Vittorio Emanuele Orlando, Georges Clemenceau und Woodrow Wilson

Der Präsident hatte nichts dagegen, dass Frankreich mit der Rückkehr Elsass-Lothringens nicht bis zur Friedenskonferenz wartete und das Grenzgebiet Eupen-Malmedy Belgien zugeschlagen wurde, doch widersetzte er sich den französischen Absichten, das Saargebiet und Teile der Pfalz zu annektieren und das Rheinland in eine Pufferzone unabhängiger Kleinstaaten zu verwandeln, die durch eine Zollunion mit Frankreich und Belgien verbunden sein sollte. Anfang April 1919 eskalierte der Streit. Wilson wies die französischen Forderungen als unvereinbar mit den 14 Punkten zurück und drohte mit seiner Abreise. Die an die Presse lancierte Drohung bewegte Clemenceau zum Einlenken. Am Ende einigte man sich darauf, dass Frankreich zwar die saarländischen Kohlebergwerke erhielt, das Saargebiet aber einer Verwaltung durch den Völkerbund unterstellt wurde. Nach 15 Jahren sollte eine Volksabstimmung über die staatliche Zugehörigkeit entscheiden. Das Rheinland wurde entmilitarisiert, die linksrheinischen Reichsgebiete sollten 15 Jahre von alliierten Truppen besetzt werden. Wilson und Lloyd George verhinderten die Abtrennung von Saar und Rheinland, weil sie kein neues Elsass-Lothringen wollten. Foch hingegen warf Clemenceau vor, den Sieg verspielt zu haben. Später blieb er der Unterzeichnung des Friedensvertrages ostentativ fern.

Während sich im Westen des Reiches noch einigermaßen klare nationale Grenzen ziehen ließen, sahen sich die Friedensmacher im Osten einer kaum zu ent-

wirrenden ethnischen Gemengelage gegenüber. Wilsons 14 Punkte enthielten das Bekenntnis zu einem unabhängigen polnischen Staat, der freien Zugang zum Meer haben und alle Gebiete einschließen sollte, die von einer »unbestreitbar polnischen Bevölkerung« bewohnt waren. Die polnischen Unterhändler verlangten neben Westpreußen und Posen auch Danzig und das Umland sowie ganz Oberschlesien. Plebiszite lehnten sie ab. Wilson und Lloyd George wollten jedoch nicht mehr Deutsche als unbedingt nötig unter polnische Souveränität bringen.

Der Rat der Vier einigte sich schließlich auf Volksabstimmungen in einigen Grenzgebieten in Ost- und Westpreußen. Aus Danzig wurde eine dem Völkerbund unterstellte Freie Stadt in Zollunion mit Polen, das Memelgebiet fiel unter alliierte Verwaltung. Auch bei der Festlegung der deutschen Ostgrenze war Wilson bemüht, so weit wie möglich an den 14 Punkten festzuhalten, doch verblieben, wie er selbst einräumte, immer noch mehr als zwei Millionen Deutsche im neuen polnischen Staat. Die Polen waren nicht zufrieden, aber in Deutschland wurden die Gebietsverluste im Osten und insbesondere der polnische Korridor, der Ostpreußen vom Reich trennte, als unerträglich empfunden.

Auch in der Frage der deutschen Reparationen sah sich Wilson zu Kompromissen gezwungen. Die 14 Punkte enthielten dazu keine konkreten Aussagen,

doch bei der Annahme des Wilson-Programms hatten die Alliierten eine Klausel durchgesetzt, die den Ersatz aller »der Zivilbevölkerung der Alliierten und ihrem Eigentum zugefügten Schäden« vorsah. Damit war die deutsche Verpflichtung zur Reparationsleistung festgeschrieben. Darüber, ob auch die Versorgung der Hinterbliebenen und Versehrten eingeschlossen sein sollte, wie es die Briten verlangten, oder wie viel Deutschland überhaupt zahlen konnte und wie diese Zahlungen zu leisten und zu verteilen seien, entbrannten in Paris langwierige Debatten.

Die Amerikaner forderten für sich keine Reparationen, lehnten aber jede Verrechnung der deutschen Entschädigung mit den Kriegskrediten an die Alliierten ab. Weder wollte man indirekt zum Reparationsgläubiger werden, noch war man zu Schuldenerlassen bereit, die letztlich die amerikanischen Steuerzahler zu tragen hätten. Die US-Delegation trat zudem für eine moderate Reparationslast ein, um die politische Stabilität und wirtschaftliche Erholung Deutschlands nicht zu gefährden. Die europäischen Staatsmänner hatten ihren Völkern dagegen versprochen, dass die »Hunnen« gigantische Entschädigungen zahlen müssten.

Gegen den ausdrücklichen Rat seiner Fachleute stimmte Wilson, der sich kaum für die Details der Reparationsfrage interessierte, der britischen Forderung zu, auch die Pensionen der Kriegsversehrten und Hinterbliebenen unter die Reparationsforderungen aufzunehmen. Wilson, der sonst gerne auf seine Prinzipien pochte, dekretierte kurzerhand: »Logik? Ich pfeife auf die Logik! Die Pensionen kommen rein.« Vermutlich machte er Lloyd George dieses Zugeständnis auch in der Erwartung späterer Revisionen. Tatsächlich konnten sich die Siegermächte bis zum Abschluss der Konferenz nicht auf eine Gesamtsumme einigen. Die Deutschen empörten sich darüber, dass sie einen Blankoscheck unterschreiben mussten, übersahen dabei jedoch, dass der Vertrag ausdrücklich Deutschlands beschränkte Zahlungsfähigkeit anerkannte.

Die Rechtsgrundlage für die deutschen Reparationsverpflichtungen bildete Artikel 231 des Versailler Vertrages, der feststellte, dass »Deutschland und seine Verbündeten als Urheber für alle Verluste und alle Schäden verantwortlich sind«, welche die Alliierten »infolge des ihnen durch den Angriff Deutschlands und seiner Verbündeten aufgezwungenen Krieges erlitten haben«. Dieser Satz wurde in der deutschen Öffentlichkeit einhellig als moralische Verdammung aufgefasst und entrüstet als »Kriegsschuldlüge« zurückgewiesen. Der Urheber dieser Bestimmung, der amerikanische Jurist und spätere US-Außenminister John Foster Dulles, bestritt rückblickend allerdings, dass eine moralische oder historische Aussage zur »Kriegsschuld« beabsichtigt gewesen sei. Dulles zufolge war Artikel 231 ein Kompromiss zwischen dem Wunsch nach einer möglichst umfassenden deutschen Haftbarkeit und dem amerikanischen Streben nach

IM LICHT DER GESCHICHTE
Mehr als 1000 Delegierte aus aller Welt drängen sich im Spiegelsaal von Versailles, als die Deutschen am 28. Juni 1919 den Friedensvertrag unterzeichnen

WEITERLESEN
Manfred Berg: »Woodrow Wilson. Amerika und die Neuordnung der Welt« C. H. Beck Verlag, München 2017

deren Begrenzung. In der Tat erkannten die Sieger im folgenden Artikel 232 ausdrücklich an, dass Deutschlands Ressourcen nicht ausreichten, um für alle Kriegsschäden aufzukommen.

Der Versailler Vertrag forderte zudem die Auslieferung Wilhelms II. sowie namentlich nicht genannter Kriegsverbrecher, um sie vor ein internationales Gericht zu stellen. Während Lloyd George seinen Wählern versprochen hatte, sie würden den Kaiser hängen sehen, fürchtete Wilson den Vorwurf der Siegerjustiz und sperrte sich gegen den Bruch mit traditionellen Rechtsprinzipien wie der Immunität von Staatsoberhäuptern und dem Rückwirkungsverbot. Dieser Position schlossen sich auch die neutralen Niederlande an, wohin Wilhelm II. ins Exil gegangen war. Die Deutschen wiederum verweigerten nach Friedensschluss die Auslieferung beschuldigter Kriegsverbrecher unter Hinweis auf die instabile innenpolitische Lage und boten an, die Prozesse vor deutschen Gerichten zu führen. Die Alliierten gaben nach, aber die nachfolgenden Gerichtsverfahren verliefen weitgehend im Sande.

Am 28. Juni 1919 wurde der Friedensvertrag im Spiegelsaal des Versailler Schlosses unterzeichnet, nachdem die Sieger Deutschland für den Fall einer Weigerung ultimativ mit der Wiederaufnahme des Krieges gedroht hatten. In einer Botschaft an das amerikanische Volk erklärte der US-Präsident, der Vertrag sei streng, aber gerecht. Er bestrafe Deutschland für seine Missetaten, lasse ihm aber die Rückkehr in die Völkergemeinschaft offen.

Das Reich wurde fast vollständig entwaffnet, das Heer auf 100.000 Mann begrenzt. Teile seines Territoriums waren militärisch besetzt. Die Deutschen hatten Reparationsverpflichtungen in vorerst unbestimmter Höhe sowie wirtschaftlichen Zugeständnissen zustimmen müssen. Insgesamt verlor das Deutsche Reich ein Siebtel seines Territoriums und ein Zehntel seiner Bevölkerung, außerdem sämtliche Kolonien.

In allen politischen Lagern herrschte in Deutschland grenzenlose Empörung über das »Schanddiktat«, das, so prophezeite der sozialdemokratische Regierungschef Philipp Scheidemann im Reichstag, »Versklavung für Kind und Kindeskind!« bedeute. Vor allem Wilson schlug blanker Hass entgegen, weil dieser angeblich die Deutschen mit dem Versprechen auf milde Friedensbedingungen dazu gebracht hatte, die Waffen zu strecken, in Versailles aber, so empfand es der Nationalliberale Gustav Stresemann, nun »den größten Weltbetrug« begangen habe, »den die Geschichte jemals erlebt hat«.

Nüchtern betrachtet beruhte die Empörung über Wilsons »Weltbetrug« freilich vor allem auf Selbstbetrug hinsichtlich des Eingeständnisses der deutschen Niederlage. Zudem vergossen gerade diejenigen Krokodilstränen über die Missachtung des Völkerrechts, die lange einem deutschen Diktatfrieden das Wort geredet hatten. Gewiss standen viele Bestimmungen des Versailler Vertrages im Widerspruch zu Geist und Wort des Wilson-Programms. So negierte das Anschlussverbot für Deutsch-Österreich den erklärten Willen der Wiener Volksvertretung. Deutschland blieb vom Völkerbund ausgeschlossen und musste ökonomischen Verpflichtungen nachkommen, die wenig mit der von Wilson geforderten liberalen Weltwirtschaftsordnung gemein hatten. Aber war denn wirklich damit zu rechnen gewesen, dass die Alliierten die Schaffung eines »großdeutschen Reiches« tolerieren würden? Wie realistisch war der Anspruch, sofort als gleichberechtigte Großmacht in den Völkerbund aufgenommen zu werden? Und gab es angesichts der enormen Zerstörungen, die Frankreich und Belgien erlitten hatten, nicht auch ein berechtigtes Interesse dieser Länder, die deutsche Wirtschaftskraft für den Wiederaufbau einzuspannen?

Angesichts der allgemeinen Entrüstung über das »Schanddiktat« ging unter, dass der Vertrag Deutschlands staatliche Einheit und seine potenzielle Großmachtstellung anerkannte und darüber hinaus die Möglichkeit einer friedlichen Revision beließ. Es hätte für Deutschland »noch wesentlich schlimmer« kommen können, wie der Historiker Eberhard Kolb 2005 urteilte. Dass es nicht schlimmer kam, war überwiegend Woodrow Wilson zu verdanken.

Auch wenn er den Kompromisscharakter des Friedensvertrages niemals öffentlich einräumte, waren dem Präsidenten dessen Schwächen bewusst. Bei der Abreise aus Paris sagte er zu seiner Frau: »Keiner ist zufrieden, das lässt mich hoffen, dass wir einen gerechten Frieden gemacht haben.«

Vor allem hoffte Wilson darauf, dass sich die Schwächen im Laufe der Zeit mithilfe des Völkerbundes korrigieren lassen würden. Doch war es gerade der Völkerbund, die tragende Säule des Wilsonschen Internationalismus, an dem sich innenpolitisch die Kritik entzündete: Die Gegner sahen im Völkerbund ein Militärbündnis, das die USA in sämtliche Konflikte der Welt hineinziehen werde. Dem Beitritt wollten die Republikaner nur unter Vorbehalten zustimmen, die sicherstellen sollten, dass Amerika seine außenpolitische Handlungsfreiheit behielt.

Wilson, der Anfang Oktober 1919 schwer erkrankte und kaum noch amtsfähig war, weigerte sich strikt, seinen Kritikern entgegenzukommen. Im Kampf um die Ratifizierung des Versailler Vertrages zeigte er nach Auffassung vieler Bewunderer und Weggefährten genau die Eigenschaften, die auch seine Verhandlungspartner in Paris oft zur Weißglut gebracht hatten: Sturheit, Selbstgerechtigkeit und Selbstüberschätzung. Bei zwei Abstimmungen im US-Senat scheiterte Amerikas Beitritt zum Völkerbund nicht zuletzt an der Kompromissunfähigkeit des Mannes, von dem sich die kriegsmüden Völker einen gerechten und dauerhaften Frieden erhofft hatten.

MANFRED BERG *ist Professor für Amerikanische Geschichte an der Universität Heidelberg*

Auf der Weltbühne

Pandiá Calógeras

Der Kriegsminister Brasiliens ist in Paris einer der drei Vertreter seines Landes und fordert neben dem Belgier Paul Hymans besonders vehement die Rechte der kleineren Staaten ein. Als die Großmächte in so wichtigen Gremien wie der Völker-

bundkommission oder der Reparationskommission mehr oder weniger unter sich bleiben wollen, kritisiert Calógeras dies scharf und fragt öffentlich, warum die kleinen Länder ständig vor vollendete Tatsachen gestellt würden: »Dies ist bereits entschieden worden, jenes ist bereits entschieden worden. Wer hat diese Entscheidungen getroffen?« Die einzige entscheidungsbefugte Instanz, mahnt Calógeras, sei doch »die Konferenz selbst«.

Nguyen Tat Thanh

Ein Küchengehilfe aus der französischen Kolonie Indochina will US-Präsident Wilson in Paris eine Petition mit den »Forderungen des Volkes von Annam« überreichen. Unterzeichnet ist das Schriftstück gegen die französische Kolonialherrschaft von »Nguyen, dem

Patrioten«. Dieser Patriot ist niemand anderes als der spätere vietnamesische Revolutionär Ho Chi Minh. 1919 soll er sich für das ersehnte und vermutlich nie zustande gekommene Treffen mit Wilson eigens einen Anzug geliehen haben. Im Jahr darauf macht er Bekanntschaft mit den Ideen Lenins. Jahrzehnte später wird Ho den Kampf um die Unabhängigkeit und Wiedervereinigung Vietnams führen – gegen die USA.

Wellington Koo

In China hatten Woodrow Wilsons 14 Punkte große Hoffnungen geweckt: Mit ihnen könne die Zeit der Demütigung vorübergehen, der Einfluss fremder Mächte zurückgedrängt werden. Wellington Koo, ein in den USA ausgebildeter Diplomat, ist in Paris Wort-

führer der chinesischen Delegation. Besonders die Zukunft Kiautschous, des ehemaligen deutschen »Pachtgebietes« auf der Halbinsel Shandong, ist umstritten. Das Gebiet ist seit 1914 japanisch besetzt, in Paris reklamiert Koo es als »Geburtsort von Konfuzius und Menzius« für China – ohne Erfolg. Kiautschou bleibt japanisch. In China kommt es daraufhin zu Massenprotesten gegen den Versailler Vertrag.

Kim Kyu Sik

Eine koreanische Delegation ist in Paris nicht zugelassen. Schließlich ist Korea – zunächst von China beherrscht und seit 1910 von Japan annektiert – kein eigenständiger Staat. Dennoch hoffen die Koreaner, bei den Friedensverhandlungen Gehör zu finden.

Kim, Außenminister der koreanischen Exilregierung in Shanghai und mit der chinesischen Delegation angereist, errichtet in Paris ein Informationsbüro. Er will Lobbyarbeit für die Sache Koreas betreiben. Wenn die zivilisierte Welt irgendetwas auf ihre Prinzipien halte, dann müsse Japan Korea freigeben. Das Gegenteil geschieht. Japan ist für die künftige Weltordnung zu wichtig, Korea bleibt bis 1945 unter seiner Herrschaft.

Menschenrechtler, Unabhängigkeitskämpfer und die Vertreter der kleineren Länder stehen in Paris nicht im Rampenlicht. Umso mutiger sind ihre Forderungen

Jane Addams

Die amerikanische Frauenrechtlerin organisiert im Mai 1919 in Zürich einen internationalen Frauenfriedenskongress. Addams und ihre Kolleginnen wollen den Männern am Pariser Verhandlungstisch klarmachen, dass Frieden und Frauenrechte zusammen-

gehören – und dabei ein Zeichen der Versöhnung setzen: Damit auch deutsche und österreichische Frauen teilnehmen können, trifft sich der Kongress in der Schweiz. Im Schlusskommuniqué fordern die Friedensaktivistinnen, dass die Sicherung von Frauenrechten in die Pariser Verträge aufgenommen wird. Jane Addams reist selbst in die französische Hauptstadt, doch Gehör findet sie nicht. Anerkennung erfährt sie trotzdem: 1931 erhält sie den Friedensnobelpreis.

Policarpo Bonilla

Honduras tritt als letzte Nation in den Weltkrieg ein. Gegenüber dem Deutschen Reich gibt das kleine mittelamerikanische Land am 19. Juli 1918 die Neutralität auf. Obwohl militärisch nicht engagiert, gehört Honduras damit in Versailles zu den Sieger-

mächten. Genau wie Kuba, Guatemala, Haiti, Nicaragua, Panama oder Liberia erhält der Staat einen Sitz im Plenum. Vertreten wird er von Policarpo Bonilla, der von 1894 bis 1899 Präsident von Honduras war. Das Land ist erst 1821 von Spanien unabhängig geworden und war im 19. Jahrhundert Schauplatz blutiger Machtkämpfe. Der liberale Bonilla wurde zeitweise von seinen Gegnern inhaftiert und ging danach ins Exil. In Paris kehrt er noch einmal auf die große Bühne zurück.

Marie von Edinburgh

Die letzte Königin von Rumänien, Enkelin der britischen Königin Victoria und des russischen Zaren Alexander II., ist eine der glamourösesten Erscheinungen in Paris. Sie taucht im März mit großem Gefolge auf, weil Rumäniens Premierminister

Ionel Brătianu meint, seine weitreichenden Ziele mit der beliebten und bestens vernetzten Königin an seiner Seite besser erreichen zu können. Ein Biograf berichtet, Marie habe mit Clemenceau geschäkert. Brătianu selbst erklärt später, ihr Einfluss habe Clemenceau und Lloyd George in den Verhandlungen etwas nachgiebiger gestimmt. Die Boulevardpresse ist der Königin sowieso erlegen. Am Ende gewinnt Rumänien große Gebiete hinzu.

W. E. B. Du Bois

Der amerikanische Bürgerrechtler und erste Schwarze mit Harvard-Promotion reist nach Paris, um der Konferenz ein brisantes Memorandum zu unterbreiten: W. E. B. Du Bois fordert, aus ehemaligen Kolonien einen unabhängigen afrikanischen Staat zu bilden. Zudem hofft er, als

Vertreter der Afroamerikaner in die US-Delegation aufgenommen zu werden. Beides ohne Erfolg. Stattdessen beruft er den ersten Pan-Afrikanischen Kongress ein, der im Februar 1919 mit Vertretern aus neun afrikanischen Ländern in Paris tagt. Dessen Forderungen sind schließlich viel moderater als die des Memorandums. Das Misstrauen gegen Du Bois bleibt trotzdem groß: Er wird in Paris auf Schritt und Tritt vom amerikanischen Geheimdienst überwacht.

Ende April 1919 verlassen drei Sonderzüge Berlin und Potsdam. Ihr Ziel: Versailles, wo seit dem 18. Januar die Friedenskonferenz tagt. Erst drei Monate später, am 18. April, nachdem sich die Alliierten auf einen Vertragsentwurf verständigt haben, wird die deutsche Regierung eingeladen, eine Abordnung zu entsenden, um die Friedensbedingungen in Empfang zu nehmen. Der deutschen Delegation gehören 180 Personen an: Diplomaten, Ministerialbeamte, Militärs, Wirtschafts- und Finanzexperten, Dolmetscher, Journalisten. Man rechnet damit, dass es zu Verhandlungen kommt, und will für alle Fragen gewappnet sein.

Als die Züge die belgisch-französische Grenze passieren, müssen sie auf Befehl der französischen Behörden ihre Fahrt verlangsamen. Die Deutschen sollen sich mit eigenen Augen überzeugen, welche ungeheuren Zerstörungen der Krieg angerichtet hat. »Mit jedem weiteren Kilometer steigerte sich das Bild der Verwüstung«, berichtet ein mitreisender Journalist. »Eine tiefaufgewühlte Erde, keine Bäume, keine Äcker, nur ein Granattrichter neben dem anderen [...], kaum ein grüner frischer Fleck, alles verbrannt, vergast, verdörrt.«

Geleitet wird die deutsche Delegation von dem knapp 50-jährigen Grafen Ulrich von Brockdorff-Rantzau, einem Karrierediplomaten aus altem holsteinischem Adel, der im Weltkrieg als Botschafter in Kopenhagen nicht gerade als Scharfmacher hervorgetreten war, ja sogar Kontakte zu russischen Sozialisten geknüpft hatte. Dadurch empfahl er sich der neuen Regierung der Volksbeauftragten, die ihn Ende Dezember 1918 als Nachfolger Wilhelm Solfs zum Staatssekretär im Auswärtigen Amt ernannte. Seit Februar 1919 amtiert er als erster Außenminister im Kabinett des SPD-Politikers Philipp Scheidemann.

Brockdorff-Rantzau verfügt über große diplomatische Erfahrung, aber er gilt auch als eine schwierige Persönlichkeit. »Hohe Intelligenz paarte sich bei ihm mit unbändigem persönlichen Ehrgeiz, enormem Geltungsbedürfnis und hoher Reizbarkeit; in jedem Widerspruch gegen seine Anschauungen witterte er Feindschaft und Verschwörung« – so charakterisiert ihn der Historiker Eberhard Kolb.

Welche Strategie Brockdorff-Rantzau in Versailles einzuschlagen gedenkt, verdeutlicht er in einer programmatischen Rede vor der Nationalversammlung in Weimar am 14. Februar 1919. Emphatisch bekennt er sich zu den 14 Punkten des amerikanischen Präsidenten Woodrow Wilson, also zum Selbstbestimmungsrecht der Völker, zur Idee eines Völkerbunds

ABFAHRT NACH PARIS
Berlin, Potsdamer Bahnhof, am Morgen des 29. April 1919: Außenminister Graf von Brockdorff-Rantzau (r.) bricht mit seiner Delegation auf, um über den Friedensvertrag zu verhandeln

»Unerfülllbar, unerträglich, unannehmbar«

Die Friedensbedingungen provozieren in Deutschland
wütenden Protest. Doch ohne Zustimmung droht eine
Fortsetzung des Krieges. Im Juni 1919
steht die Zukunft des Landes auf Messers Schneide

VON VOLKER ULLRICH

und zur internationalen Abrüstung. Der künftige Frieden dürfe nicht einseitig von den Siegermächten diktiert werden, sondern müsse ein »Rechtsfrieden« sein im Geiste gegenseitiger Verständigung. Der leitende Gedanke ist, Deutschlands Stellung als europäische Großmacht zu behaupten. Der Außenminister ist überzeugt, dieses Ziel in den anstehenden Verhandlungen durchsetzen zu können. Sein Vorbild ist

»Die Stunde der Abrechnung ist da: Sie haben uns um Frieden gebeten«

der französische Diplomat Charles-Maurice de Talleyrand, dem es auf dem Wiener Kongress 1814/15 gelungen war, das besiegte Frankreich ins Konzert der Großmächte zurückzuführen.

Die Deutschen haben sich intensiv auf die Konferenz vorbereitet. Monatelang haben viele Hundert Fachleute in einer »Geschäftsstelle für die Friedensverhandlungen« Memoranden ausgearbeitet. Ein »Spezialbüro« im Auswärtigen Amt hat umfangreiches Material zusammengetragen, um den Vorwurf der Siegermächte zu widerlegen, Deutschland trage eine besondere Schuld am Ausbruch des Weltkriegs.

Nach ihrer Ankunft in Versailles wird die deutsche Delegation in zwei Hotels nahe dem Schlosspark untergebracht, die durch einen mannshohen Bretterzaun abgesperrt sind. Man will sie, so die offizielle Begründung, vor Angriffen der aufgebrachten einheimischen Bevölkerung schützen. Am 7. Mai, nach tagelangem Warten, ist es so weit: Die sechs deutschen Hauptdelegierten, mit Brockdorff-Rantzau an der Spitze, werden ins Hotel Trianon Palace gebracht, wo die Übergabe der Friedensbedingungen stattfinden soll.

»Die Stunde der Abrechnung ist da: Sie haben uns um Frieden gebeten. Wir sind geneigt, ihn Ihnen zu gewähren«, erklärt der französische Ministerpräsident und Vorsitzende der Versammlung, Georges Clemenceau. Zugleich stellt er klar, dass es »keine mündlichen Verhandlungen geben« werde. Den deutschen Bevollmächtigten werde eine 14-tägige Frist eingeräumt, innerhalb derer sie mögliche Gegenvorschläge schriftlich einreichen können.

Brockdorff-Rantzaus Berater haben mehrere Redeentwürfe ausgearbeitet. Offenbar durch den Tribunalcharakter der Veranstaltung herausgefordert, entscheidet sich der Außenminister in seiner Antwort für die schärfste Version. Im Mittelpunkt steht die Zurück-

weisung der deutschen Kriegsschuld. »Es wird von uns verlangt, dass wir uns als die allein Schuldigen am Kriege bekennen; ein solches Bekenntnis wäre in meinem Munde eine Lüge.« Doch der Redner belässt es nicht dabei, sondern versucht, die Gegner ins Unrecht zu setzen, indem er an die »Hunderttausenden« von Deutschen erinnert, die auch noch nach dem 11. November 1918 infolge der alliierten Blockade »mit kalter Überlegung getötet« worden seien. »Daran denken Sie, wenn Sie von Schuld und Sühne sprechen.«

Ist schon der arrogante, ganz undiplomatische Ton geeignet, die alliierten Staatsmänner gegen sich aufzubringen, so sorgt eine wohlüberlegte Geste für Empörung: Der deutsche Außenminister bleibt beim Verlesen seiner Rede sitzen, was allgemein als Affront gedeutet wird. »Was sind sie für ein Volk! Immer tun sie gerade das Unrichtige«, bemerkt der britische Premier David Lloyd George. Mit seinem Auftritt bestärkt Brockdorff-Rantzau die Vertreter der Entente in ihrem Verdacht, dass immer noch Repräsentanten der alten wilhelminischen Machtelite in Deutschland das Sagen hätten und sich uneinsichtig zeigten wie eh und je.

Am Abend des 7. Mai hat die deutsche Delegation die Gelegenheit, den Entwurf des Friedensvertrages eingehend zu studieren. »Unsere vollkommene Niedergeschlagenheit über die darin enthaltenen Zumutungen lässt sich überhaupt nicht schildern«, berichtet ein Augenzeuge. Zum ersten Mal wird den Diplomaten bewusst, welche Gebietsabtretungen Deutschland hinnehmen muss und welche militärischen und wirtschaftlichen Beschränkungen dem Reich drohen.

Mit dem 7. Mai 1919 endet das »Traumland der Waffenstillstandsperiode«, wie es der deutsche Liberale Ernst Troeltsch formuliert. Weite Teile der deutschen Bevölkerung haben sich in der Illusion gewiegt, mit einem glimpflichen »Wilson-Frieden« davonzukommen. Was stattdessen bekannt wird, trifft Regierung, Parteien und Öffentlichkeit wie ein Schock. Der Vertragsentwurf zeige »die Schamlosigkeit der französischen, englischen und amerikanischen Imperialisten in voller Nacktheit«, entrüstet sich zum Beispiel Hermann Molkenbuhr, Mitglied im SPD-Parteivorstand, in seinem Tagebuch. Und für Theodor Wolff, den Chefredakteur des liberalen *Berliner Tageblatts*, zeugt das Dokument von einer »Unterjochungspolitik«, die »von keinem neuen Geiste« berührt sei und »Gewalt an die Stelle des Rechtes« setze.

Besonders Artikel 231, der »Kriegsschuldparagraph«, in dem Deutschland und seine Verbündeten als Urheber des Krieges bezeichnet werden, löst einen Aufschrei der Empörung aus. Nun rächt sich das Versäumnis der Revolutionsregierung, die Bevölkerung nicht rückhaltlos über die Politik der deutschen Reichsleitung in der Julikrise 1914 aufgeklärt zu haben. Zwar hat der Rat der Volksbeauftragten noch im November 1918 beschlossen, die wichtigsten Akten zum Kriegsausbruch zu publizieren, und mit dieser Aufgabe den USPD-Politiker Karl Kautsky, Beigeordneter im Auswärtigen Amt, beauftragt. Doch im April 1919 entscheidet man sich im Kabinett Scheidemann, davon abzusehen, weil die Dokumente klar belegen, dass die deutsche Reichsleitung die Hauptverantwortung für die Entfesselung des Weltkriegs auf sich geladen hat. Eine Veröffentlichung, so fürchtet man, würde die deutsche Position auf der Friedenskonferenz schwächen.

Bereits wenige Tage nach Bekanntgabe der Friedensbedingungen formiert sich in Deutschland eine breite Ablehnungsfront. Die Nationalversammlung kommt am 12. Mai zu einer Sondersitzung in der Aula der Berliner Universität zusammen. Reichsministerpräsident Scheidemann begründet für die Regierung, warum der Vertrag »unannehmbar« sei: »Welche Hand müsste nicht verdorren, die sich und uns in solche Fesseln legt?«

Auch die auf ihn folgenden Redner finden starke Worte des Abscheus. Der Zentrumspolitiker Adolf Groeber spricht von der »Vergewaltigung und Versklavung eines alten Kulturvolks«, Conrad Haußmann von der Deutschen Demokratischen Partei (DDP) sieht einen »Vernichtungswillen der Entente« am Werk, und Gustav Stresemann erklärt im Namen seiner Fraktion, der Deutschen Volkspartei (DVP): »Was dieser Vertrag aus Deutschland macht, das ist ein zerstückeltes Reich, machtlos, auf ewige Zeit zur Fronarbeit verurteilt, von Fremdvölkern wie von Sklavenhaltern regiert.«

Im Protest gegen das Vertragswerk sind sich alle Parteien einig, von den Mehrheitssozialdemokraten bis zu den Deutschnationalen (DNVP). Selbst der Vorsitzende der Unabhängigen Sozialdemokraten (USPD), Hugo Haase, äußert deutliche Worte der Kritik, räumt aber ein, am Ende werde man doch nachgeben müssen. Am 20. Mai wenden sich die Spitzenverbände der Arbeitgeber und Gewerkschaften in einem gemeinsamen Aufruf gegen eine Unterzeichnung, da sie »das Todesurteil für das deutsche Wirtschafts- und Volksleben« bedeuten würde.

Auch Reichspräsident Friedrich Ebert stellt mehrfach öffentlich klar, dass er das »Diktat« von Versailles für »unerfüllbar, unerträglich und unannehmbar« halte. »Wir wären ehrlos und würdelos, wenn wir nicht die ganze Kraft aufbieten gegen die Schmach, die uns angedroht wird«, erklärt er in einer Versamm-

lung in Berlin am 18. Mai. Der demagogischen Propaganda der nationalen und völkischen Rechten gegen den »Schandfrieden« von Versailles wird mit solchen markigen Reden der Boden bereitet.

Mit der Kundgebung vom 10. Mai hat sich die Regierung Scheidemann unwiderruflich auf die Ablehnung des Vertragsentwurfs festgelegt. Doch die öffentliche Entrüstung ist das eine; das andere ist die Frage, was geschehen soll, wenn die Alliierten bei ihrer harten Haltung bleiben. Im Falle einer Ablehnung muss mit der Wiederaufnahme der Kampfhandlungen gerechnet werden. Wilhelm Groener, Chef der Obersten Heeresleitung, lässt die Regierung wissen, dass das deutsche Heer einer feindlichen Invasion kaum Widerstand entgegensetzen könne und es auch in der Bevölkerung keinerlei Neigung zu einer Fortsetzung des Krieges gebe.

Unterdessen bemüht sich die deutsche Delegation in Versailles, die Alliierten in einem regelrechten »Notenkrieg« zu einer Abmilderung der Bedingungen zu bewegen. Dabei konzentriert sie sich vor allem darauf, den Artikel 231 zurückzuweisen. Die Kriegsschuldfrage steht im Mittelpunkt der deutschen Gegenvorschläge, die zusammen mit einer »Mantelnote« am 29. Mai übergeben werden: Sie enthalten, bei

ZERSTÖRTE GESICHTER

Die Franzosen postieren fünf Soldaten mit schweren Verletzungen im Saal, als die Deutschen den Frieden unterzeichnen. Die »gueules cassées« sollen das Grauen des Krieges vor Augen führen. Später entstanden Postkarten von der Gruppe

aller Kritik, auch einige Angebote, so das Versprechen, mit der geforderten Abrüstung Ernst zu machen und eine Reparationszahlung von 100 Milliarden Goldmark zu leisten.

Doch die alliierten Staatsmänner lassen sich davon nicht beeindrucken. Im Gegenteil: Der auftrumpfende Ton, mit dem Brockdorff-Rantzau jede Kriegsschuld von sich weist, führt zu einer Verhärtung ihrer Positionen. Am 16. Juni übergibt der Sekretär der Friedenskonferenz der deutschen Delegation den endgültigen Vertragstext. Bis auf wenige Zugeständnisse – so soll in

Oberschlesien eine Volksabstimmung über die Zugehörigkeit des Gebiets zu Deutschland oder Polen entscheiden – werden die deutschen Vorschläge abgelehnt.

Als Antwort auf das Insistieren in der Kriegsschuldfrage formulieren die Siegermächte nun ihrerseits in einer Mantelnote schärfer als zuvor das Verdikt gegen die »Regierenden Deutschlands«, die »den Krieg gewollt und entfesselt« hätten und für seinen »verbrecherischen Charakter« verantwortlich seien. Für die Unterzeichnung wird den Deutschen eine Frist von fünf Tagen gesetzt – sie wird später auf sieben Tage verlängert –, andernfalls drohe die Beendigung des Waffenstillstands. Noch am Abend des 16. Juni tritt Brockdorff-Rantzau mit der Delegation die Rückreise nach Weimar an, um der Regierung die Ablehnung des Friedensvertrages zu empfehlen.

Es folgt eine Phase hektischer Beratungen in der Regierung und den Fraktionen. Unter dem Eindruck des Ultimatums beginnt die Front der Ablehnungsbefürworter zu bröckeln. Bei einer Abstimmung im Kabinett am 18. Juni votieren sieben Minister für die Annahme und sieben dagegen, unter ihnen Scheidemann. Trotz der Drohung des Regierungschefs, zurückzutreten, falls die Fraktion nicht beim kategorischen Nein bleibe, stimmen am 19. Juni 75 SPD-Abgeordnete für und nur 39 gegen die Unterzeichnung. Die DDP-Fraktion hat sich schon zuvor auf eine Ablehnung festgelegt, während das Zentrum ebenfalls am 19. Juni beschließt, »unter gewissen Voraussetzungen und unter Protest« dem Vertrag zuzustimmen.

Unter diesen Umständen bleibt Scheidemann nichts anderes übrig, als seinen Rücktritt zu erklären. Brockdorff-Rantzau schließt sich diesem Schritt an. Am 21. Juni ernennt Ebert den bisherigen Arbeitsminister und früheren zweiten Vorsitzenden der Generalkommission der Gewerkschaften, Gustav Bauer, zum Nachfolger Scheidemanns. Das Außenministerium übernimmt der Sozialdemokrat Hermann Müller, das Finanzministerium der Zentrumspolitiker und Intimfeind Brockdorff-Rantzaus, Matthias Erzberger, der sich am entschiedensten für die Annahme des Vertrages ausgesprochen hat.

Am 22. Juni stimmt die Nationalversammlung mit 237 gegen 138 Stimmen (bei fünf Enthaltungen und einer ungültigen Stimme) dem Vertrag zu. Allerdings hat die neue Regierung die Bereitschaft zur Unterzeichnung mit dem Vorbehalt verbunden, dass sich Deutschland weder als »Urheber des Krieges« betrachte noch sich verpflichtet sehe, »Kriegsverbrecher« auszuliefern. Umgehend weisen die Alliierten den Vorbehalt zurück und bestehen auf der bedingungslosen Annahme innerhalb der gesetzten Frist.

So scheint die Zustimmung zum Vertrag noch in letzter Minute gefährdet. »Die Spannung ist ungeheuer«, notiert der Kunstmäzen und Diplomat Harry Graf Kessler. »Die Luft ist drückend schwül. Gegenrevolution, Krieg, Aufstand drohen wie nahe Gewitterwolken.« Erst als es dem Zentrum gelingt, die beiden Rechtsparteien DNVP und DVP zu einer Erklärung zu bewegen, dass sie die »vaterländischen Gründe« der Abgeordneten, die für die Unterzeichnung votieren wollen, nicht bezweifeln, ist die Sache entschieden. Am Nachmittag des 23. Juni, nur wenige Stunden vor Ablauf des Ultimatums, ermächtigt die Nationalversammlung die Regierung »mit großer Mehrheit«, den Vertrag zu unterzeichnen.

Am 28. Juni 1919, dem fünften Jahrestag des Attentats von Sarajevo, setzen Außenminister Hermann Müller und Verkehrsminister Johannes Bell (Zentrum) ihre Unterschrift unter den Vertrag – ebendort, wo am 18. Januar 1871 das Deutsche Kaiserreich gegründet worden war, im Spiegelsaal des Schlosses von Versailles. Die symbolische Aufladung des historischen Moments wird dadurch unterstrichen, dass auf Wunsch Clemenceaus fünf schwer gesichtsverletzte Soldaten – *gueules cassées* – im Saal platziert sind; als lebender Vorwurf an jene, die für das Verbrechen des Weltkriegs verantwortlich gemacht werden. Ob die deutsche Abordnung sie überhaupt wahrgenommen hat, ist zweifelhaft. Die ganze Zeremonie dauert nur eine halbe Stunde. 101 Salutschüsse verkünden das Ende, und in den Straßen von Paris feiern die Menschen.

Zweifellos war der Versailler Vertrag ein Diktatfrieden, aber er war nicht übermäßig hart, jedenfalls daran gemessen, was ein siegreiches Kaiserreich seinen Gegnern zugemutet hätte. Einen Vorgeschmack hatte noch im März 1918 der Separatfrieden von Brest-Litowsk geboten, den das Reich dem revolutionären Russland auferlegt hatte. Dennoch empfand eine große Mehrheit der Deutschen den Friedensschluss als eine unerhörte Demütigung, eine nationale »Schmach«, gegen die man sich zur Wehr setzen müsse. Der Gedanke einer Revanche blieb in nationalistischen und militärischen Kreisen während der gesamten Dauer der Weimarer Republik höchst lebendig. Dabei enthielt das Vertragswerk durchaus Chancen, die eine geduldige, auf Verständigung ausgerichtete deutsche Außenpolitik nutzen konnte, wie die seit Mitte der Zwanzigerjahre von Außenminister Stresemann betriebene Aussöhnung mit Frankreich bewies. Nach dem Machtantritt Hitlers 1933 sollten diese positiven Ansätze ebenso rasch wie brutal zerstört werden. ■

VOLKER ULLRICH *ist Historiker, Journalist und Mitherausgeber von ZEIT Geschichte*

WEITERLESEN
Jörn Leonhard:
»Der überforderte
Frieden. Versailles
und die Welt
1918–1923«
C. H. Beck Verlag,
München 2018

Neue Staaten, neue Weltordnung

Grenzstein, der bis 1939 das »Dreiländereck« zwischen Polen, der Freien Stadt Danzig
und Ostpreußen markierte. Das »D« zeigt ins deutsche Staatsgebiet

Europa nach dem Ersten Weltkrieg

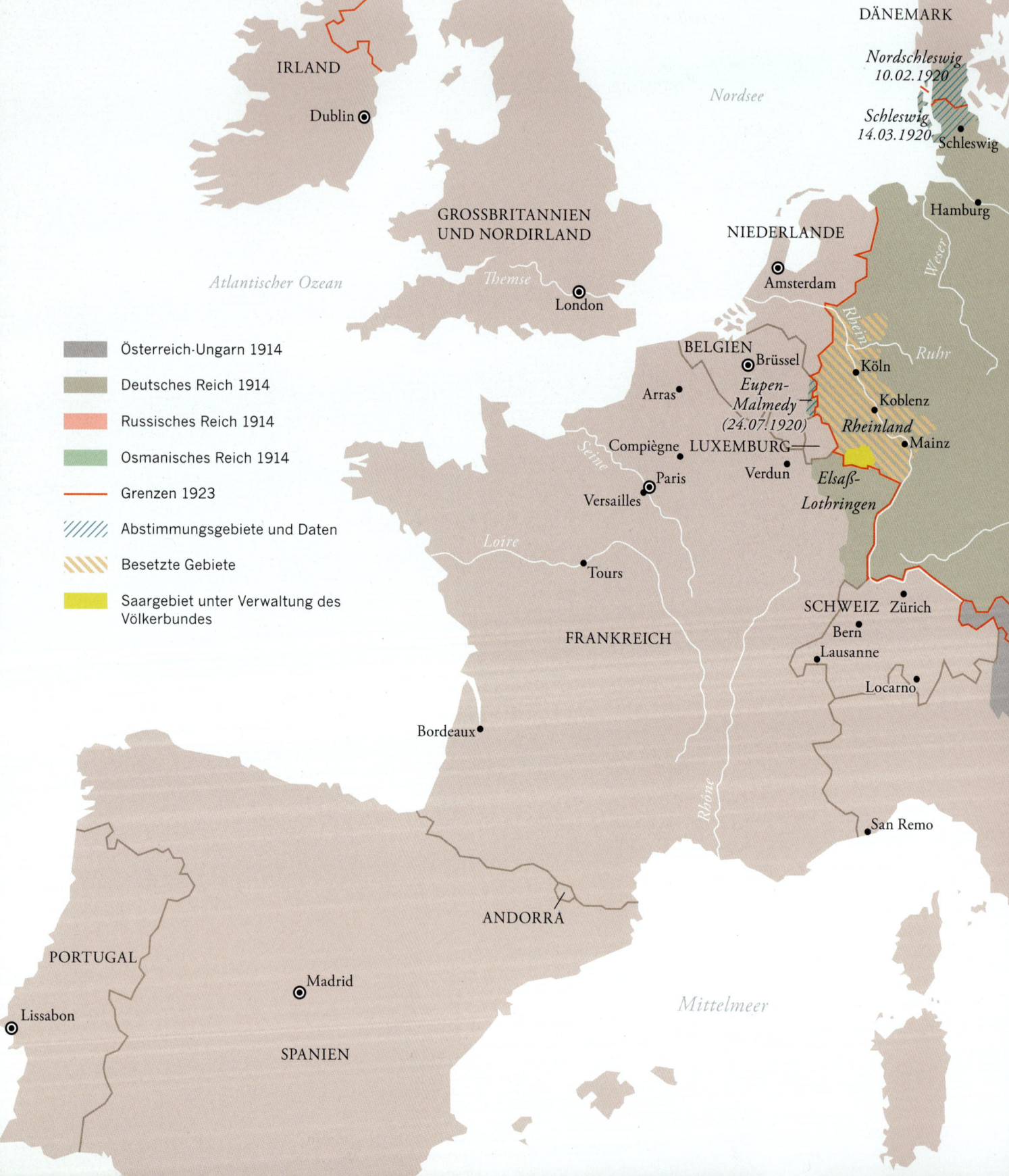

Legende:

- ▨ Österreich-Ungarn 1914
- ▨ Deutsches Reich 1914
- ▨ Russisches Reich 1914
- ▨ Osmanisches Reich 1914
- —— Grenzen 1923
- ▨ Abstimmungsgebiete und Daten
- ▨ Besetzte Gebiete
- ▨ Saargebiet unter Verwaltung des Völkerbundes

Orte und Gebiete:

IRLAND · Dublin

GROSSBRITANNIEN UND NORDIRLAND · London · Themse

Atlantischer Ozean

Nordsee

DÄNEMARK · Nordschleswig 10.02.1920 · Schleswig 14.03.1920 · Schleswig

Hamburg · Weser

NIEDERLANDE · Amsterdam · Rhein · Ruhr

BELGIEN · Brüssel · Arras · Eupen-Malmedy (24.07.1920) · Köln · Koblenz · Rheinland · Mainz

LUXEMBURG · Compiègne · Verdun · Elsaß-Lothringen

Saône · Paris · Versailles

FRANKREICH · Loire · Tours · Bordeaux

SCHWEIZ · Zürich · Bern · Lausanne · Locarno · San Remo

Rhône

ANDORRA

PORTUGAL · Lissabon

SPANIEN · Madrid

Mittelmeer

Wer ist das Volk?

Die Friedensverträge von Trianon
und Saint-Germain zerlegen
das alte Imperium der Habsburger
in neue Nationalstaaten.
Das Ergebnis sind Vielvölkerreiche
im Kleinen, neuer Hass und
neue Kriege VON ANTON PELINKA

WINTER IN WIEN
Vor dem Rathaus
fordern die
Teilnehmer eines
Demonstrations-
zuges 1919

den Anschluss
Österreichs
an Deutschland

Eine neue Ära internationaler Politik
sollten die Friedensverträge einleiten, die 1919
und 1920 in den Pariser Vororten unterzeichnet
wurden. Der amerikanische Präsident Woodrow
Wilson wollte mit seiner Formel vom »Selbstbestimmungsrecht der Völker« die alten Regeln er-
setzen, nach denen die Sieger ihre Gewinne dik-
tieren konnten – mehr Territorium, mehr Ressourcen. Neue Kriege würde es in der neuen
Ordnung nicht mehr geben, dafür waren die USA
nach Wilsons Verständnis in den Krieg gezogen:
»a war to end all wars«.

Doch Versailles, Saint-Germain und Trianon
blieben weit hinter den Erwartungen und hehren
Zielen zurück. In allen Verträgen wurde die politische Ethik Wilsons von der traditionellen Politik
eines Georges Clemenceau oder eines David Lloyd
George durchkreuzt. Es ging zwar durchaus um
»Selbstbestimmung«, aber mehr noch um die Interessen Frankreichs, Großbritanniens und Italiens.

Und was bedeutete »Selbstbestimmung« eigentlich für eine Großstadt wie Lemberg (Lwow,
Lwiw), eine der wichtigsten Städte des alten österreichischen Kaiserreiches, in der Ruthenisch
(Ukrainisch), Polnisch, Deutsch und Jiddisch gesprochen wurde? Das Konzept der »Selbstbestimmung« hatte ein a priori erkennbares Defizit:
Wilson hatte nie klar definiert, für wen es gelten
sollte. Wer war ein »Volk«? War es die Sprache, die
ein »Volk« definierte, wie es dem Begriff der Nationalitäten im Kaiserreich Österreich entsprach?
Und was hieße dies zum Beispiel für das vielspra-
chige Czernowitz, die östlichste Universitätsstadt
des alten Österreich, die 1919 Rumänien zugesprochen wurde, bevor sie der Sowjetunion und
schließlich der Ukraine zufiel? Was bedeutete
Selbstbestimmung für die Hafenstadt Rijeka (Fiume), die von zwei Siegermächten beansprucht
wurde – von Serbien und von Italien?

Das Recht auf Selbstbestimmung war ein
Grundsatz, der sich wunderbar zur Zerschlagung
Österreich-Ungarns eignete, zur Zerstörung eines

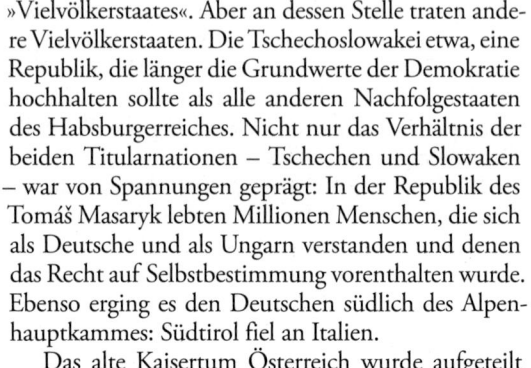

»Vielvölkerstaates«. Aber an dessen Stelle traten andere Vielvölkerstaaten. Die Tschechoslowakei etwa, eine Republik, die länger die Grundwerte der Demokratie hochhalten sollte als alle anderen Nachfolgestaaten des Habsburgerreiches. Nicht nur das Verhältnis der beiden Titularnationen – Tschechen und Slowaken – war von Spannungen geprägt: In der Republik des Tomáš Masaryk lebten Millionen Menschen, die sich als Deutsche und als Ungarn verstanden und denen das Recht auf Selbstbestimmung vorenthalten wurde. Ebenso erging es den Deutschen südlich des Alpenhauptkammes: Südtirol fiel an Italien.

UNERWÜNSCHTE PERSON
Als Ende Oktober 1918 die Tschechoslowakei entsteht, verhüllen Nationalisten in Prag das Denkmal für den österreichischen Heerführer Radetzky

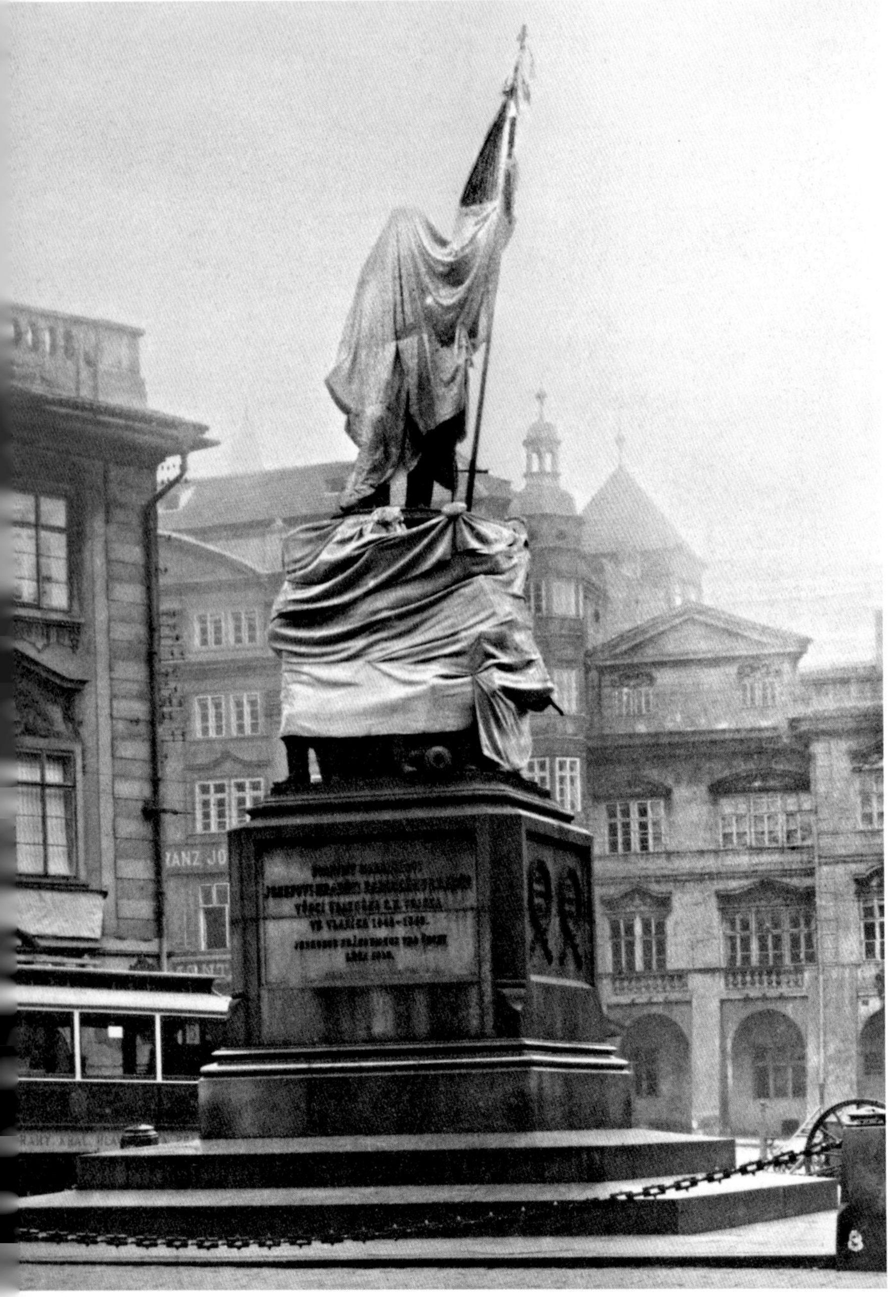

Das alte Kaisertum Österreich wurde aufgeteilt und der »Rest«, also Österreich, zur Unabhängigkeit gezwungen. Die demokratisch legitimierte Provisorische Nationalversammlung in Wien hatte zwar 1918 die Republik Deutschösterreich zum Teil der Deutschen Republik erklärt, doch es gehörte zu den vorrangigen Zielen Frankreichs, auch das demokratische Deutschland von Weimar möglichst schwach zu halten. Der Anschluss wurde verboten, was die Republik Österreich, diesen Staat »wider Willen«, zwei Jahrzehnte lang traumatisieren und zu der entsetzlichen Hysterie des März 1938 führen sollte.

Und Ungarn: Das Königreich, seit 1867 ein weitgehend autonomer Teil des Habsburgerreiches, hatte eine Politik der Magyarisierung betrieben, die aus der nichtungarischen Mehrheit – aus Rumänen, Slowaken, Kroaten und Serben – Ungarn machen sollte. Der Vertrag von Trianon kehrte diese Politik des ethnonationalen Diktats um: Millionen Ungarisch sprechende Menschen wurden nun Rumänien, der Tschechoslowakei und Jugoslawien zugesprochen. Auch hier mit traumatisierenden Folgen: Ungarn ist, nach den Jahren und Jahrzehnten der Horthy-Diktatur und der Herrschaft einer marxistisch-leninistischen Einheitspartei, heute noch immer ein Land, in dem das Wort »Trianon« kollektive gesellschaftliche Empörung mobilisieren kann.

Versailles und Saint-Germain hingegen haben ihre emotionale Kraft weitgehend verloren: Der Aufstieg der NSDAP als Protestbewegung gegen Versailles hat das Thema in Deutschland nach 1945 politisch ruhiggestellt. Und die Republik Österreich, die 1919 zur Unabhängigkeit gezwungen werden musste, hat diese längst akzeptiert – aus einer Fremd- ist eine Selbstbestimmung geworden.

Der »Völkerkerker« Österreich-Ungarn – 1914 ein Begriff, der in den Ländern der Entente Kriegsbegeisterung entfachen sollte – machte seinem Namen durchaus Ehre, insbesondere in der ungarischen Reichshälfte. Doch zugleich hatte das Reich auch Ansätze einer transnationalen Ordnung gezeigt, die durchaus ein Vorgriff auf die Vereinigten Staaten von Europa hätten werden können. Im Abgeordnetenhaus des Österreichischen Reichsrates, das von 1907 an auf der Grundlage des allgemeinen und gleichen Männerwahlrechtes gewählt wurde, saßen Tomáš

Masaryk, der zum Übervater der Tschechoslowakei werden sollte, Alcide De Gasperi, die Schlüsselfigur des postfaschistischen Italien nach 1944, und Karl Renner, der zweimal – 1918 und 1945 – als Kanzler einer provisorischen Staatsregierung die Republik Österreich gründen sollte.

Doch das alte Kaiserreich verspielte die Chance, dieses transnationale Potenzial in Politik umzusetzen. Das Königreich Ungarn verstand sich als magyarischer Nationalstaat und witterte in jeder Konzession an die slawischen Nationalitäten eine Bedrohung. Zugleich bekämpfte der Deutschnationalismus eines Georg von Schönerer, der dem jungen Adolf Hitler als Vorbild diente, vehement jeden Kompromiss etwa mit dem tschechischen Nationalismus. Diese Kräfte der Beharrung blockierten die Weiterentwicklung des Vielvölkerstaates zu einer parlamentarischen Monarchie, mit der sich alle Nationalitäten hätten identifizieren können.

Die multinationale Ordnung wurde durch einen überhitzten Nationalismus und durch Antisemitismus überlagert. Als Mark Twain 1897 auf einer seiner Europareisen in Wien eine Sitzung des Abgeordnetenhauses des Reichsrates besuchte und der Debatte um die Sprachenreform des austropolnischen Ministerpräsidenten Kasimir Badeni beiwohnte, machte er seine Bekanntschaft mit der politischen Kultur des alten Kaiserreichs. Das österreichische Parlament, so resümierte Twain, sei der Ort, an dem ein Antisemit den anderen einen Juden nenne.

Zudem gewann eine hinter den Kulissen operierende Gruppe von Kriegstreibern im Offizierskorps an Einfluss. Sie sah den Ausweg aus den Widersprüchen des Vielvölkerreiches in einem Angriffskrieg. Im Sommer 1914 nahm sie das Attentat von Sarajevo zum Anlass, gegen Serbien loszuschlagen.

Auf die Schrecken des Weltkriegs folgte nicht nur die Gründung neuer, sondern auch die Wiedererrichtung alter Staaten: Aus Gebieten Russlands, Deutschlands und Österreichs entstand Polen, ein Vielvölkerstaat, in dem die polnische Titularnation mit den Ansprüchen litauischer und weißrussischer, ukrainischer und rumänischer, jüdischer und deutscher Nationalitäten konfrontiert war. Polen konnte der Herausforderung, diesen ethnischen Flickenteppich mit dem Prinzip der Selbstbestimmung in Einklang zu bringen, ebenso wenig gerecht werden wie die Tschechoslowakei, die sich zum Ziel gesetzt hatte, eine zweite Schweiz im Herzen Europas zu werden.

Das neu gegründete (und erst später so genannte) Jugoslawien wiederum konnte die Nicht-Serben nie davon überzeugen, dass es mehr war als ein Großserbien. Der Verdacht serbischer Hegemonie lief der Zerstückelung Jugoslawiens 1941 und auch noch 1991 voraus. Jugoslawien ging, wie der Vielvölkerstaat Rumänien, den Weg in eine »Königsdiktatur« – eine Variante autoritären Regierens, die den gesamten mitteleuropäischen Raum prägen sollte.

NEUE NACHBARN

Wachposten in der Uniform der Tschechischen Legion 1919 an der Grenze zu Deutschland

1941 schließlich wurde Jugoslawien Opfer deutscher, italienischer, ungarischer und bulgarischer Aggressionen – sowie seiner inneren Widersprüche, deren deutlichster Ausdruck der Nationalismus des kroatischen Geheimbundes Ustascha war.

In Ungarn war es die Regierung des Miklós Horthy, die sich 1920 nach der Niederringung der kommunistischen Räterepublik etablierte und den Trend zu autoritären Regimen repräsentierte. Horthy wahrte den Anschein von Verfassungskonformität, indem er ein Parlament duldete, freilich auf der Grundlage manipulierter Wahlen. Die antisemitische Orientierung seiner Herrschaft äußerte sich nicht in einem

PARADE DES DIKTATORS
Miklós Horthy zieht am 16. November 1919 nach dem Ende der rumänischen Besatzung in Budapest ein

offenen Ausschluss von Juden aus dem öffentlichen Leben, sondern in Quoten für ihren Zugang zu Universitäten und freien Berufen.

Ungarn sah sich in der Kontinuität des Königreiches und behielt auch diese Bezeichnung bei; Horthy führte den Titel »Reichsverweser«. Es war jedoch ein Königreich ohne König: Der Diktator untersagte dem letzten ungarischen Monarchen Karl die Rückkehr, weil dies für die Nachbarstaaten nicht tolerierbar gewesen wäre.

Österreich hingegen, der »Rest«, definierte sich als Republik neu und wurde dennoch den übermächtigen Schatten der Monarchie nicht los: Schon die prunkvolle Architektur der k. u. k. Residenz Wien überstrahlte den republikanischen Charakter der Hauptstadt; auch der österreichische Film und die Operette mochten sich nicht von den Erzherzögen und den süßen Wiener Mädeln trennen. Robert Musil arbeitete am *Mann ohne Eigenschaften,* einer in die kaiserliche Vergangenheit projizierten Geschichte von der »Parallelaktion«, die den deutschen

und den österreichischen Kaiser grandios ehren sollte. Als Musil seinen Roman verfasste, war Ersterer bereits im Exil, Letzterer seit 1916 tot.

Die Republik Österreich konnte keine eigene Identität entwickeln, die als verbindende Grundlage hätte dienen können. Das »Denkmal der Republik« auf der Wiener Ringstraße stellte Sozialdemokraten in den Vordergrund – die bürgerlichen Politiker, von denen die Republik regiert wurde, legten keinen Wert darauf, mit dieser identifiziert zu werden.

Nur den verbotenen Anschluss, den wollten sie alle. Erst 1933, nach Hitlers Machtübernahme, sollte sich das ändern: Die Sozialdemokratische Arbeiterpartei strich die Forderung nach dem »Anschluss an das Deutsche Reich« aus ihrem Programm, und das autoritäre Regime eines Engelbert Dollfuß sah sich als das »bessere« Deutschland.

Mitteleuropa – definiert als der Raum der Nachfolgestaaten Österreich-Ungarns, aber auch als der Raum zwischen den geopolitischen Ansprüchen Deutschlands und Russlands – blieb nach den Verträgen von 1919 und 1920 ein Gebiet politischer Interessenkonflikte. Die Siegermächte, allen voran Frankreich, wollten die Ordnung von Versailles, Saint-Germain und Trianon vor dem Revisionismus der Verliererstaaten schützen. Deutschland hatte zwar in Locarno seine Westgrenze, nicht aber seine Ostgrenze anerkannt; und Ungarn fand sich nie damit ab, dass in den ethnisch gemischten Gebieten Transsilvaniens rumänische Gesetze und in den ebenso gemischten Gebieten der Slowakei die Gesetze der Tschechoslowakei galten.

Der deutsche und der ungarische Revisionismus sollten einander in die Hände spielen: Hitler sorgte später dafür, dass rumänische und slowakische Gebiete an Ungarn fielen; Ungarn wiederum beteiligte sich 1941 am deutschen Überfall auf Jugoslawien und wurde dafür mit serbischem Gebiet belohnt.

Diesem Revisionismus versuchte Frankreich 1920 durch die Bildung der »Kleinen Entente« vorzubeugen. Jugoslawien, Rumänien und die Tschechoslowakei schlossen ein lockeres Bündnis, um die Grenzen von Trianon zu garantieren. Doch wie belastbar war diese Allianz? Den drei Staaten fehlte jede Gemeinsamkeit, die über die Abwehr eines ungarischen oder deutschen Revisionismus hinausging. Die Tschechoslowakei blieb bis 1938 eine Demokratie, während Jugoslawien und Rumänien immer stärker in den Sog des Faschismus gerieten.

Die neue Landkarte Mitteleuropas erwies sich somit als hinfällig. Gegenläufige Interessen, wie sie das Verhältnis der Sowjetunion zu Polen oder das

Italiens zu Jugoslawien bestimmten, destabilisierten die von den Siegermächten installierte Ordnung. Vor allem aber lud die politische Ethik Wilsons unvermeidlich zu Missverständnissen ein. Die Zerschlagung des »Völkerkerkers« Österreich-Ungarn löste nicht das Problem multiethnischer Staatsgebilde, sondern vervielfältigte es. Die Siegermächte, die künftige Kriege verhindern wollten, schufen neue Kriegsursachen, indem sie neue Grenzen zogen für neue multiethnische Staaten.

Eine Lösung für Europa begann sich erst nach den Erfahrungen des Zweiten Weltkriegs und des Holocausts abzuzeichnen. Nicht durch Verschiebung, sondern nur durch Relativierung und tendenzielle Aufhebung von Grenzen lässt sich die zerstörerische Kraft des Nationalismus bändigen – so lautet die Lehre der schrecklichen ersten Hälfte des 20. Jahrhunderts. Doch 1919 und 1920 war die Welt noch nicht so weit. Die in ihrer Naivität nur noch durch den Mangel an Präzision übertroffene Formel vom »Selbstbestimmungsrecht« war jedenfalls kein hilfreicher Beitrag zu einem solchen Lernprozess.

Die Siegermächte von 1945 antworteten ganz anders als die Siegermächte von 1918: Sie wollten die Verlierernationen nicht bestrafen, sondern einbinden. Das war vor allem das Verdienst Frankreichs, das noch in Versailles alles getan hatte, um Deutschland zu demütigen. Nach 1945 entwickelten Jean Monnet und Robert Schuman den Plan, auf das nationale Interesse am Wohlergehen des Nachbarn zu setzen. Der Sieg über das Deutsche Reich wurde 1945 und danach nicht als nationaler, sondern als europäischer Erfolg definiert; und nicht eine Nation wurde zum Sieger erklärt, sondern ein postnationales, demokratisches Europa.

Von Anfang an litten Versailles, Saint-Germain und Trianon daran, dass Wilson mit seiner Vorstellung vom »Selbstbestimmungsrecht« allein blieb: allein gegenüber seinen auf ihren kolonialen Rechten beharrenden britischen und französischen Alliierten; allein erst recht angesichts der Illusion, in Regionen wie der Bukowina oder in Bosnien von der Eindeutigkeit des Begriffes »Volk« ausgehen zu können.

Die Wellen des populistischen Demokratieverständnisses, die heute durch Europa branden, sind von einer solchen fiktiven Eindeutigkeit bestimmt. Von der Vorstellung, dass klar wäre, wer »zu uns« gehört – und wer nicht. Diese Naivität gleicht der von vor einhundert Jahren und bedroht das, was nach 1945 in Europa erreicht wurde: der allmähliche Bedeutungsverlust des Nationalen und Völkischen; die Durchlässigkeit von Grenzen in einem gemeinsamen Europa. Wer die Grenzen wieder zu Barrieren machen möchte, der will zurück zu einer Ordnung des Unfriedens, die mit den Namen Horthy und Antonescu, Piłsudski und Pavelić, Tiso und Dollfuß verbunden war. Wer von der Selbstverständlichkeit der Zugehörigkeit zu einem »Volk« ausgeht, verweigert sich den Lernerfahrungen, die Europa nach 1918 gemacht hat.

ANTON PELINKA *ist Politikwissenschaftler und lehrte bis 2018 an der Central European University in Budapest*

WEITERLESEN
Anton Pelinka: »Die gescheiterte Republik. Kultur und Politik in Österreich, 1918-1938« Böhlau Verlag, Wien 2017

Noch ist Polen nicht gewonnen

Wilsons 14 Punkte versprechen ein unabhängiges Polen –
nach 123 Jahren Fremdherrschaft. Doch welche Grenzen wird der neue Staat haben?
Józef Piłsudski denkt eher groß als klein VON JUDITH SCHOLTER

Maria Dąbrowska ist eine unruhige Beobachterin. Die junge Schriftstellerin führt Tagebuch im Herbst 1918, als mit Deutschland, Österreich-Ungarn und dem vom Bürgerkrieg heimgesuchten Russland eine alte Welt zusammenbricht und für Polen eine neue entsteht. »Bei Nacht Schießerei«, schreibt Dąbrowska am 11. November in Warschau, »den ganzen Tag über Massen auf den Straßen. Normaler Straßenbahnverkehr. [...] Piłsudski hat mich enttäuscht. Von der Menge begrüßt, sagte er auf dem Balkon, er habe Halsschmerzen. [...] Wen geht das in diesem Augenblick etwas an.«

Józef Piłsudski, der Mann, nach dem heute in Polen unzählige Straßen und Plätze benannt sind, ist einen Tag zuvor mit dem Zug aus deutscher Festungshaft nach Warschau zurückgekehrt. Erkältet oder nicht, seine Zeit ist gekommen. 123 Jahre lang hat Polen, aufgeteilt zwischen den drei großen Nachbarn, als Staat nicht existiert. Nun brechen die Teilungsmächte beinahe zeitgleich zusammen, und es gilt, aus dem, was sie hinterlassen, das Beste herauszuholen.

Warschau ist im November 1918 Teil des »Königreichs Polen«, eines von Deutschen und Österreichern unter anderem zur Aushebung von Soldaten gegründeten Vasallenstaates. Doch die Herrschaft der Mittelmächte ist längst erodiert. Der deutsche Generalgouverneur hat den Oberbefehl über die polnischen Truppen Ende Oktober unter dem Eindruck der absehbaren Niederlage im Westen an die Polen übergeben. Die in Warschau stationierten deutschen Soldaten haben einen Soldatenrat gegründet. In diesem Augenblick der Unsicherheit, so das Kalkül auf polnischer wie auf deutscher Seite, kann nur Józef Piłsudski Polen vor einer Revolution und der Räteherrschaft bewahren.

Piłsudski ist eine schillernde Figur. 1867 wurde er in der Nähe von Wilna im russischen Teilungsgebiet in eine verarmte Landadelsfamilie geboren. Im Alter von 20 Jahren ist er an der Vorbereitung eines Attentats auf Zar Alexander III. beteiligt; die Verschwörer fliegen auf, Piłsudski wird für fünf Jahre nach Sibirien verbannt. Von 1893 an ist er einer der führenden Köpfe der Polnischen Sozialistischen Partei, täuscht im Jahr 1900, nachdem er erneut verhaftet worden ist, eine Geisteskrankheit vor und kann aus dem Spital in St. Petersburg fliehen. In dieser Zeit kommt er zu der Überzeugung, dass »die Unabhängigkeit [...] die kennzeichnende Bedingung des Sieges des Sozialismus in Polen« sei.

Für die Unabhängigkeit ist er bereit zu kämpfen. Nach dem Beginn des Russisch-Japanischen Krieges 1904 reist er nach Tokio, um für die Unterstützung eines Aufstands in Polen zu werben. Als das misslingt, baut er sozialistische Kampfgruppen auf und überfällt mit ein paar Getreuen im September 1908 den Postzug nach St. Petersburg. Mit der Beute von 200.000 Rubel lassen sich die Kampfgruppen eine Weile lang finanzieren.

Immer klarer sieht Piłsudski, dass die Großmächte auf einen Krieg zusteuern, und er gedenkt diesen Umstand für Polen zu nutzen. Gleich Anfang August 1914 mobilisiert er eine Kaderkompanie und schickt diese Truppe als Keimzelle einer polnischen Armee

eigenmächtig Richtung Warschau. Mit den Österreichern einigt er sich darauf, polnische Legionen zu bilden, übernimmt die Führung der Ersten Brigade und verweigert mit dieser gleich 1914 einen österreichischen Befehl zum Rückzug. Stattdessen bricht er nach Krakau durch und legt den Grundstein zu seinem Ruf als wagemutiger Heerführer.

Als die Mittelmächte im ehemaligen russischen Teilungsgebiet 1916 das Königreich Polen gründen, lässt sich Piłsudski auf eine Zusammenarbeit ein und bildet ein erstes polnisches Korps. Die Machthaber wollen die Soldaten jedoch nicht auch polnischem Oberbefehl unterstellen, also legt Piłsudski im Juli 1917 sein Amt im Vorläufigen Staatsrat nieder. Seinen Soldaten empfiehlt er, den Eid auf den deutschen Kaiser zu verweigern. Man darf vermuten, dass er es auf einen Bruch mit den Mittelmächten angelegt hat, die ihn auch prompt verhaften und in Magdeburg internieren.

Der Aufbruch nach dem großen Krieg gleicht dann einem Rausch. Von einem Freudentaumel, der die polnische Gesellschaft erfasst hat, erzählt der Sozialist Jędrzej Moraczewski. Von »wahnsinniger Erregung« berichtet die Autorin Maria Dąbrowska: »Gestern drei Extrablätter, heute zwei. Jede Stunde bringt etwas Neues« – und am nächsten Tag: »In all-

dem entsteht Polen. Und niemand sieht, wie schön es ist. Niemand bemerkt das bei diesem Lärm.«

Für die Schönheit des Neuen bleibt keine Zeit. Am 10. November übernimmt Piłsudski vorläufig die Macht, am Abend bespricht er mit Vertretern des Soldatenrates den Abzug der deutschen Truppen aus der Stadt. Am 11. November entwaffnen Piłsudskis Getreue die Deutschen. Nochmals einen Tag später verlässt der deutsche Generalgouverneur Warschau, ebenso ein erster Zug mit Soldaten. Ende November wird ein Wahlgesetz erlassen, das für den 26. Januar allgemeine, geheime, direkte und gleiche Wahlen ankündigt. Polen ist endlich Republik. Aber wo liegt es?

Noch reicht Piłsudskis Macht kaum über das alte Kongresspolen von 1815 und Westgalizien hinaus, schreibt der Historiker Włodzimierz Borodziej. Und mehr noch: Im Osten, in dem breiten Streifen zwischen Lettland und der Ukraine, stehen 500.000 deutsche Soldaten und trennen Polen von der Russischen Revolution. Die Versorgungslage ist desaströs, die Verwaltung nach einem langen Krieg nicht funktionsfähig, die Industrie am Boden. Viele Menschen sind von Krankheiten und Hunger gezeichnet. Um mit alldem fertigzuwerden, muss erst einmal klar sein, für welche Gebiete die Regierung überhaupt zuständig ist. Klar ist, dass Polens Westgrenze in Paris mit den Siegermächten verhandelt wird – nicht durch Piłsudski, sondern durch seinen politischen Rivalen Roman Dmowski. In Deutschland kann sich zu diesem Zeitpunkt allerdings niemand vorstellen, dass es dabei auch um die Provinz Posen oder um Oberschlesien gehen wird, die später so genannte »blutende Grenze«. Und was passiert im Osten?

Die Konflikte zeichnen sich sofort ab, denn Polen ist nicht der einzige Staat, der in Ostmitteleuropa entsteht. Was wird aus Wilna, der hauptsächlich von Polen bewohnten, aber auch von Litauern als historisches Erbe reklamierten Stadt? Was wird aus Lemberg? Wer wird Minsk für sich gewinnen? Auch die beiden russischen Bürgerkriegsparteien haben ein Wörtchen mitzureden: Die »Weißen« wollen die westrussischen Gebiete zurückerobern, die »Roten« versprechen den Nationalbewegungen die Unabhängigkeit unter dem Vorzeichen der Revolution. Im Machtvakuum, das nach dem Abzug der deutschen Truppen bis zum Sommer 1919 entsteht, prallen die Ansprüche aufeinander, und Piłsudski versucht, mit militärischen Mitteln Tatsachen zu schaffen.

Ihm selbst schwebt als Nachkriegsordnung zunächst eine nicht näher definierte multiethnische Föderation unter Führung Polens mit Litauen, der Ukraine und Weißrussland vor; das einigende Band soll die gemeinsame Frontstellung gegen Russland sein. Am 19. April 1919 erobert die polnische Armee Wilna, das zuvor von der Roten Armee kontrolliert wurde, am 8. August 1919 zieht sie in Minsk ein: Am Ende entscheiden nicht gemeinsame Interessen über die Gestalt des von Woodrow Wilson in seinen 14 Punkten versprochenen freien Polen – sondern militärische Stärke.

Es ist der Beginn des Krieges zwischen Polen und Sowjetrussland, der 1920 in seine entscheidende Phase geht. Die Bolschewiki haben im Bürgerkrieg inzwischen die Oberhand und planen, ihre Revolution weit nach Europa zu tragen. Piłsudski schmiedet einen Offensivpakt mit ukrainischen Nationalisten. »Im Blinken unserer Bajonette und unserer Säbel sollt ihr nicht das Aufzwingen eines fremden Willens sehen«, sagt Piłsudski an die Ukrainer gerichtet – doch es ist ein ungleiches Bündnis. Er verspricht, Kiew von der Roten Armee zu befreien, und soll bei Erfolg Ostgalizien (also Lemberg) und Wolhynien erhalten.

Im Mai 1920 marschiert seine Armee in Kiew ein. Bei der Rückkehr nach Warschau wird Piłsudski begeistert empfangen, doch der Jubel verfliegt schnell. Der Gegenangriff bringt den Sowjets Kiew, Minsk, Wilna; im August 1920 steht die Rote Armee vor

Warschau. Jetzt geht es für das neue Polen um die Existenz. Piłsudski versichert sich der politischen Rückendeckung, indem er den Oberbefehl zur Verfügung stellt. Selbstverständlich aber tritt er nicht zurück. Und tatsächlich gelingt es ihm, den Krieg zu drehen: Polen hat sowjetische Geheimcodes dechiffriert und weiß genau, was die Rote Armee plant. Piłsudskis Armee schlägt die russischen Truppen zurück. Kurz darauf nimmt sie Brest und mit einem inszenierten Aufstand auch erneut Wilna ein, das zuvor von Sowjetrussland Litauen zugesprochen worden ist.

Seine innenpolitischen Gegner sprechen vom »Wunder an der Weichsel«, um Piłsudskis Anteil zu schmälern und den göttlichen zu beschwören. Doch der Erfolg hat handfeste militärische Gründe – und gesellschaftliche. Revolution, das müssen die Bolschewiki erkennen, ist mit den Polen nicht zu machen. Die Arbeiter und Bauern, so schreibt Lenin später, »verteidigten ihre Klassenfeinde, sie ließen unsere tapferen Rotarmisten verhungern [...] und schlugen sie tot.«

In all dem Hin und Her sterben Hunderttausende Menschen oder werden verwundet. Polnische Soldaten verüben 1918 ein Pogrom an Lemberger Juden. Auch Ukrainer und »weiße« russische Truppen begehen Verbrechen gegen Juden. Nach Schätzungen sterben Zehntausende Menschen. Die östlichen Grenzen Polens werden schließlich im Vertrag von Riga 1921 festgelegt, zu keinem seiner Nachbarn außer Lettland und Rumänien unterhält das Land gute Beziehungen.

Polen muss sich nun auch im Innern neu erfinden. Es besteht aus Gebieten, die sich in den Jahrzehnten der Teilung vollkommen unterschiedlich entwickelt haben. Zwischen Posen und Warschau gibt es 1918 keine Bahnverbindung, und wo Trassen verlaufen, passen die Spurbreiten nicht zueinander. In manchen östlichen Gebieten kann jeder Zweite nicht lesen oder schreiben, und die Erträge eines Bauern sind im Westen des Landes doppelt so hoch wie die im Osten. Fast jeder dritte Einwohner gehört zu einer nationalen Minderheit.

Doch in der Zeit des Friedens scheint es für Piłsudski in Polen keinen Platz mehr zu geben. Die neue Verfassung beschränkt das Amt des Staatspräsidenten auf repräsentative Aufgaben, was für ihn nicht infrage kommt. 1923 zieht er sich aus der Öffentlichkeit zurück. Drei Jahre später wird er wieder nach der Macht greifen und eine autoritäre Herrschaft errichten. Doch darauf deutet vorerst nichts hin: »Ich, meine Herren«, so erklärt er 1922 vor ehemaligen Legionären, »habe mein Lebensexamen bestanden.« ■

JUDITH SCHOLTER *ist Redakteurin von ZEIT Geschichte*

WEITERLESEN
Włodzimierz Borodziej: »Geschichte Polens im 20. Jahrhundert« C. H. Beck Verlag, München 2010

Wilsons Traum

Im Völkerbund sollen sich
die Staaten der Welt
zusammenschließen.
Der Widerstand ist groß

VON MARCUS M. PAYK

In den ersten Augusttagen 1914 starb in Europa der Glaube an einen ungebrochenen Fortschritt der internationalen Gemeinschaft. Dabei war die Welt bis zum Ausbruch des Krieges immer enger zusammengewachsen. Die globalen Handels- und Verkehrsströme hatten seit dem späten 19. Jahrhundert stetig zugenommen und neue Formen der Kooperation zwischen den Nationen hervorgebracht, darunter zwischenstaatliche Organisationen wie den Weltpostverein von 1874 oder die Telegraphen-Union von 1913. Auf den Haager Konferenzen von 1899 und 1907 war sogar der Versuch unternommen worden, Krieg und Frieden einem gemeinsamen Regelwerk zu unterwerfen. Doch nun, mit Beginn des Ersten Weltkriegs, schien dieser aufblühende Internationalismus schlagartig entwertet.

Es blieb einem Außenstehenden vorbehalten, angesichts der donnernden Kanonen einen neuen Anlauf zu einem Zusammenschluss der Staatenwelt zu wagen. Im Mai 1916, als die USA noch kein Kriegsteilnehmer waren, schlug der amerikanische Präsident Woodrow Wilson erstmals öffentlich die Gründung eines Völkerbundes vor. Auch wenn er damit zunächst nur ein unverbindliches Bekenntnis zur Gemeinschaft der friedfertigen und rechtstreuen Nationen verband, wurde der Vorstoß in Europa aufmerksam registriert. Doch während sich in Frankreich und Großbritannien bald Regierungskommissionen an die Arbeit machten, begann die Debatte über eine neue Organisation dieser Art in Berlin erst im Schatten der Niederlage im Herbst 1918.

Wilson wehrte jede Abstimmung der Alliierten untereinander ab, weil er auf einem allgemeinen Friedenskongress über die Gründung eines Völkerbundes beraten wollte. Gleichwohl machte er unter dem Eindruck der europäischen Pläne bereits im August 1918 einen eigenen Vorschlag für die amerikanische Position.

Auf Druck aus Washington wurde der Völkerbund an den Anfang der Beratungen auf der Pariser Friedenskonferenz gestellt. Als Wilson im Dezember 1918 in Europa ankam, erklärte er zudem, dass er alle Verhandlungen in dieser Sache persönlich leiten wolle. Das traf die europäischen Partner unvorbereitet. Man hatte damit gerechnet, erst im Anschluss an die territorialen, militärischen oder wirtschaftlichen Entscheidungen über den Völkerbund zu beraten, eventuell sogar gemeinsam mit den Kriegsgegnern. Daher hatten die anderen Nationen zunächst nur honorige Fachleute mit dieser Frage betraut, aber kaum politische Schwergewichte.

Wilsons Eile hatte gute Gründe: Zum einen sah er im Völkerbund das beste Rezept, um alle Misslichkeiten des Friedensschlusses, die sich schon während der Verhandlungen abzeichneten, nachträglich zu korrigieren. Zum anderen hatte seine Demokratische Partei bei den amerikanischen Zwischenwahlen vom November 1918 ihre Mehrheit im Senat verloren, und seine Regierung war auf eine Zusammenarbeit mit den Republikanern angewiesen. Die sahen sein Projekt jedoch skeptisch. Der Präsident wollte den Völkerbund daher bereits im angestrebten Präliminarfrieden festschreiben und seine Ausgestaltung so der inneramerikanischen Debatte entziehen. Dass auf diese Weise auch die Kriegsverlierer mit einem fertigen Entwurf konfrontiert würden, erschien ihm gerechtfertigt. Schließlich mussten diese erst einmal ihre neu gewonnene Friedfertigkeit beweisen: Der Völkerbund sollte nach dem Willen Wilsons kein beliebiger Verein werden, sondern eine Wertegemeinschaft.

Am 3. Februar 1919 kam die Kommission für den Völkerbund unter dem Vorsitz Wilsons erstmals zusammen, bezeichnenderweise nicht wie andere Konferenzgremien in einem französischen Ministerium, sondern im Domizil der amerikanischen Delegation, dem Hôtel de Crillon. Zu den 15 Mitgliedern zählten je zwei Angehörige der alliierten Hauptmächte Frankreich, Großbritannien, Italien, Japan und den USA; dazu je ein Delegierter aus Belgien, Brasilien, China, Portugal und Serbien. Die Plätze der kleineren Nationen waren hart umkämpft gewesen und erst wenige Tage zuvor endgültig verteilt worden.

Die Verhandlungen gestalteten sich trotz aller diplomatischen Courtoisie mühsam. Die französischen Vertreter Léon Bourgeois und Ferdinand Larnaude fühlten sich von der Gangart der Amerikaner

überfahren und reagierten widerspenstig, zumal ihr eigener Vorschlag aus der Kriegszeit nahezu kommentarlos vom Tisch gewischt worden war. Dass stattdessen Wilsons eigener Entwurf als Ausgangspunkt diente, die Verhandlungen auf Englisch geführt wurden und die Briten den Schulterschluss mit den US-Vertretern suchten, verbesserte die Situation nicht gerade.

Konfliktlinien gab es viele. Die britischen Delegierten sahen kein Problem darin, ihre Konzeption des Völkerbundes an den imperialen Interessen des Empire auszurichten und allen nichteuropäischen Völkern mit paternalistischem Sendungsbewusstsein entgegenzutreten. Der französische Vertreter Bourgeois pries hingegen wieder und wieder die völkerrechtlichen Abkommen der Haager Konferenzen als Vorbild – und forderte im selben Atemzug, den Völkerbund mit eigenen Streitkräften auszustatten, was den anderen Delegierten völlig illusionär erschien. Die Friedensmacht des Völkerbundes, konterte Wilson, gründe weder auf einem starren Legalismus noch auf militärischen Mitteln, sondern auf der moralischen Verpflichtung der Mitgliedsstaaten.

Die Japaner beantragten, eine Klausel zur Gleichbehandlung aller Rassen aufzunehmen, was vor allem aufgrund eines Einspruchs der Briten abgelehnt wurde. Heftig war der Widerstand der kleineren Nationen gegen eine Privilegierung der fünf Hauptmächte: Der Satzungsentwurf sah vor, dass nur Frankreich, Großbritannien, Italien, Japan und die USA ständige Mitglieder des Völkerbundrates sein würden. Als solche sollten sie aufgrund des Einstimmigkeitsprinzips ein Vetorecht bei allen Entscheidungen besitzen und würden auf diesem Wege geradezu als Direktorium der Staatengemeinschaft amtieren. Die kleineren Nationen beklagten diese politische Selbstermächtigung und sprachen, wie der belgische Außenminister Paul Hymans, von einer Wiedererstehung der mehr als hundert Jahre alten Heiligen Allianz.

Doch der Protest war vergeblich. Zwar sah die Satzung am Ende vor, den Vorrang der Großmächte durch die Zuwahl von vier (später zehn) nichtständigen Mitgliedern abzumildern – trotzdem wurde die herausgehobene Stellung einzelner Großmächte mit den Pariser Beschlüssen erstmals völkerrechtlich festgeschrieben. Auch im Sicherheitsrat der Vereinten Nationen, des Nachfolgers des Völkerbunds nach dem Zweiten Weltkrieg, wurde dieses Prinzip wieder aufgegriffen.

Die Institutionalisierung und Verrechtlichung der internationalen Beziehungen war mit dem Völkerbund auf eine neue Stufe gehoben worden, was aber auch eine neue Ambivalenz in sich trug: Einerseits sollte das konfliktbehaftete Nebeneinander der Staaten in ein geordnetes Miteinander mit verbindlichen Regeln verwandelt werden, andererseits war dieser Fortschritt untrennbar mit dem Sieg der alliierten Hauptmächte verknüpft, die sich auf diese Weise zu Hütern des internationalen Rechts aufschwangen und die Verlierernationen als Schurkenstaaten außen vor ließen.

Am 28. April 1919 wurde die fertige Satzung dem Plenum der Friedenskonferenz präsentiert. Doch schon in den Wochen zuvor hatte sich gezeigt, dass die Eile der US-Delegation vergeblich gewesen war. Seit Mitte März stand fest, dass der Völkerbund Teil des endgültigen Friedensvertrags sein würde, der von allen Vertragsstaaten, also auch den USA, ratifiziert werden musste. Wilsons Plan war nicht aufgegangen. Und in der Heimat war der Widerstand gegen seinen Völkerbund erheblich.

Am 19. November lehnte der US-Senat die Ratifikation des Versailler Vertrages und damit auch den Völkerbund ab. Auch eine erneute Abstimmung fünf Monate später brachte kein anderes Ergebnis. Dass ausgerechnet die USA nicht beitraten, war eine politische und moralische Schwächung, die der Völkerbund nie überwinden sollte. Von der universalen Wertegemeinschaft, wie sie Wilson vorgeschwebt hatte, war nicht mehr viel zu spüren: In den Zwanzigerjahren entwickelte sich der Völkerbund zum Schauplatz eines internationalen Kräftemessens; in den Dreißigerjahren sank er zur bloßen Fassade herab. 1946 wurde seine Auflösung zugunsten der Vereinten Nationen beschlossen. ∎

MARCUS M. PAYK *ist Professor für Neuere Geschichte an der Universität der Bundeswehr in Hamburg*

Zerplatzte Hoffnung

»Selbstbestimmung« bleibt für die Kolonien
ein leeres Versprechen. Und doch
werden in Versailles die Weichen für den Untergang
der europäischen Weltreiche gestellt

VON JÜRGEN ZIMMERER

**KRIEG IN DER
FREMDE**
Senegalesische
Soldaten
in Diensten
der französischen
Armee.
Aufgenommen
am 22. Juni 1917
im elsässischen
Balschwiller

Der Erste Weltkrieg war ein globaler Krieg, weil die beteiligten europäischen Nationen Kolonialmächte waren. Ihre koloniale Rivalität hatte den Weg in den Krieg befeuert, und auf den Schlachtfeldern kamen Truppen und Rohstoffe aus den Kolonien zum Einsatz, jedenfalls aufseiten der Entente. Global war der Krieg außerdem, weil er in den außereuropäischen Besitzungen geführt wurde, in Kamerun, Togo, Deutsch-Südwestafrika, Deutsch-Ostafrika, aber auch im Nahen Osten und in China, wo das deutsche Schutzgebiet um Tsingtau von Japan besetzt wurde. Für die Entscheidung sorgte der Eintritt einer ehemaligen Kolonie, der USA, die mittlerweile selbst Kolonialmacht war.

Wie der Krieg, so war auch der Frieden global oder hatte zumindest weltweite Auswirkungen. Die Bewohner der Kolonien hofften, für die erlittenen Entbehrungen, für ihre Unterstützung und vor allem für ihren Kampfeinsatz belohnt zu werden. Das Selbstbestimmungsrecht der Völker, das Woodrow Wilson beschwor, klang in ihren Ohren vielversprechend, zumal der amerikanische Präsident sich ausdrücklich gegen eine bloße Umverteilung des Kolonialbesitzes der Besiegten, insbesondere des Osmanischen und des Deutschen Reiches, aussprach. Stattdessen forderte er eine »freie, weitherzige und unbedingt unparteiische Schlichtung aller kolonialen Ansprüche« unter strikter Beachtung des Grundsatzes, dass bei Souveränitätsfragen die »Interessen der betroffenen Bevölkerung ein ebensolches Gewicht haben müssen wie die berechtigten Forderungen der Regierung, deren Rechtsanspruch bestimmt werden soll«. Das bedeutete nicht weniger als ein Mitspracherecht der Kolonisierten, zumindest aber eine wohlwollende Berücksichtigung ihrer Interessen.

Wilson stand damit keineswegs allein. Kolonialkritische Stimmen hatten bereits in der Vorkriegszeit den Imperialismus kritisiert, ihn gar als Hauptursache des Krieges ausgemacht. Und noch vor Wilson hatten bolschewistische Revolutionäre sich das Selbstbestimmungsrecht der Kolonialbevölkerung auf die Fahnen geschrieben.

So machten sich 1919 auch Vertreter aus den Kolonien, etwa aus dem britischen Südafrika oder dem französischen Westafrika, auf den Weg nach Paris. Dort trafen sie auf afroamerikanische Intellektuelle, die einerseits gegen ihre andauernde Diskriminierung als Schwarze in den USA protestieren wollten, sich zum anderen aber auch für die Belange des kolonisierten Afrika einsetzten. Der bekannteste von ihnen war zweifellos der Historiker W. E. B. Du Bois. Doch weder ihm noch der eigens angereisten Delegation des African National Congress (ANC) aus Südafrika gelang es, zu den Friedensunterhändlern vorzudringen, von einem Platz am Verhandlungstisch ganz zu schweigen. Aus Afrika waren nur der weiße südafrikanische Premierminister Louis Botha und der General und Politiker Jan Smuts vertreten. Gerade dieser unterstützte ganz wesentlich eine Politik, die auf eine Festschreibung des kolonialen Systems hinauszulaufen schien.

Die Vertreter der siegreichen Kolonialmächte wollten von einer Beschränkung ihrer Herrschaft nichts wissen. Sie suchten im Wesentlichen eine rechtliche Beglaubigung der auf den Schlachtfeldern erkämpften Gebiete. Schließlich hatten britische und französische Truppen bereits im August 1914 Togo und im Februar 1916 auch Kamerun erobert, worauf die Sieger beide Kolonien unter sich aufteilten. Deutsch-Südwestafrika wurde im Frühjahr und Sommer 1915 von mehr als 50.000 »weißen« Soldaten der Südafrikanischen Union besetzt. Wesentlich länger und verlustreicher verlief der Krieg in Deutsch-Ostafrika: 160.000 britische, indische, »weiße« südafrikanische und afrikanische Soldaten aus dem heutigen Kenia oder Uganda und etwa eine Million Lastenträger aus Britisch-Ostafrika kämpften dort bis 1918 – mehr als 10.000 Soldaten und 100.000 Träger fanden den Tod. Außerdem verloren bis zu eine Million Zivilisten ihr Leben.

Bemerkenswert war der Einmarsch Südafrikas in Deutsch-Südwestafrika: Ein abhängiger Teil des britischen Empires eroberte hier eine andere Kolonie. Jan Smuts vertrat Südafrika in Versailles als Mitglied der britischen Delegation – eine symbolische Rangerhöhung, die allerdings nur für die *White Dominions*

galt, die Siedlerkolonien Kanada, Neuseeland, Australien und Südafrika, denen man aufgrund ihrer europäischstämmigen Bevölkerung eine halbautonome Selbstregierung zutraute.

Territorialansprüche erhoben die Kolonialmächte auch im Nahen Osten, wo sich Frankreich und Großbritannien bereits 1916 im Sykes-Picot-Abkommen über die Aufteilung des Osmanischen Reiches verständigt hatten: Der Libanon und Syrien sollten an Frankreich fallen, der Irak und die Golfstaaten an Großbritannien.

Gefangen zwischen den moralischen Ansprüchen Wilsons und dem Wunsch der Alliierten, den eigenen

Kolonialbesitz zu vergrößern, entwickelte die Friedenskonferenz das Konzept eines vom Völkerbund getragenen Mandatssystems. Die Territorien aus der imperialen Konkursmasse des Osmanischen und des Deutschen Reiches sollten keine Kolonien sein, sondern unter Vormundschaft der internationalen Staatengemeinschaft gestellt werden. Bis sie, so hieß es, reif für die Unabhängigkeit seien.

Auf Vorschlag Jan Smuts' wurden die Mandate abgestuft. Der angenommene zivilisatorische Entwicklungsstand der kolonialen Bevölkerung sollte die Dauer bis zur vollständigen Unabhängigkeit bestimmen. Die dem Völkerbund übertragenen Gebiete wurden in drei Kategorien eingeteilt: Die ehe-

FÜR DREI PFUND IM MONAT
Jan Smuts besucht im April 1917 Angehörige des South African Native Labour Corps in Dalles an der Westfront. Großbritannien rekrutiert von 1916 an 25.000 schwarze Arbeiter aus Südafrika, die in Frankreich eingesetzt werden

maligen osmanischen Gebiete bildeten die A-Mandate, Togo, Kamerun und Ostafrika wurden zum B-Mandat erklärt, während Südwestafrika und die deutschen Kolonien im Pazifik als C-Mandate firmierten. Die Entlassung der C-Mandate in die Selbstständigkeit wurde auf unbestimmte Zeit vertagt, da man sie für unfähig erklärte, eine eigene Regierung zu bilden.

Auf diese Weise gelang es Smuts, seinem Ziel, der Annexion Südwestafrikas, einen großen Schritt näher zu kommen. Da die C-Mandate zwar im Auftrag des Völkerbunds verwaltet wurden, aber als integraler Bestandteil der Mandatsmacht galten, wurde Südwestafrika in der Interpretation Südafrikas zu einem Landesteil der Union. Das blieb es de facto bis zur Unabhängigkeit Namibias im Jahr 1990.

Die Anliegen der kolonialen Bevölkerung waren letztlich auch für den amerikanischen Präsidenten nicht wichtig genug, um es auf eine Auseinandersetzung mit den Verbündeten ankommen zu lassen. Da eine offene Annexion vermieden wurde, konnten beide Seiten durch den Kompromiss ihr Gesicht wahren. Verlierer waren die Kolonisierten.

Obwohl die Umverteilung des Kolonialbesitzes dem alten Muster imperialistischer Weltpolitik folgte und die humanitären Argumente nur vorgeschoben waren, sollte die Rhetorik der Friedenskonferenz weitreichende Folgen haben. Zum ersten Mal waren eine Fürsorgepflicht der Kolonialmacht für die Kolonisierten und die zeitliche Begrenztheit ihrer Herrschaft völkerrechtlich verankert worden. Zwar erreichten die europäischen Imperien in den Zwanzigerjahren ihre größte Ausdehnung, aber der Geist der Selbstbestimmung und vor allem die Idee, den Kolonialismus am Nutzen für die beherrschte Bevölkerung zu messen, waren nicht mehr zurück in die Flasche zu bringen.

Diese Prinzipien entwickelten eine Dynamik, die weit über das hinausging, was die Staatsmänner in Paris intendiert hatten. In der Zwischenkriegszeit wurde die imperiale Politik grundsätzlich infrage gestellt. Koloniale »Entwicklungsprogramme« wurden aufgelegt, und unter den Kolonialbürokraten wurde *trusteeship* (Treuhandschaft) zum Schlüsselbegriff. Verwalter und Bewahrer ersetzten zunehmend die Expansionisten, Pioniere und Prokonsuln.

Aber auch in den Kolonien selbst hatte sich die Einstellung gegenüber den Kolonialherren geändert. Der Krieg Weißer gegeneinander hatte das Postulat militärischer und moralischer Überlegenheit der Europäer für alle sichtbar Lügen gestraft. Wenn Eu-ropäer besiegt werden konnten, dann war auch die Kolonialherrschaft überwindbar. Kritische Stimmen wurden lauter.

Zwar begann die große Dekolonisation erst nach dem Zweiten Weltkrieg, aber die Saat war ausgebracht. Im Moment der größten Ausdehnung der europäischen Kolonialherrschaft lag schon der Keim des Niedergangs. Die Maßnahmen, die das System stabilisieren sollten, trugen zu dessen Erosion bei.

Die Regelung der Kolonialfragen war für die Vertreter der Großmächte von eher untergeordnetem Interesse. Dennoch darf die Bedeutung der Versailler Konferenz für die koloniale Welt nicht unterschätzt werden. Die überwiegende Mehrheit der europäischen Staatsmänner versuchte zwar, die Besitzungen ihrer Länder zu retten und sie auf Kosten Deutschlands und des Osmanischen Reiches auszuweiten. Da sie dies jedoch durch das Argument der Treuhänderschaft und des Selbstbestimmungsrechtes der Völker zu rechtfertigen hatten, veränderte sich unmerklich die Legitimation ihrer Herrschaft. Der Wandel des Rechtfertigungsdiskurses ermöglichte langfristig die Überwindung der kolonialen Machtpolitik. Kompromisse wie das Mandatssystem halfen dabei, die imperiale Herrschaft abzuschütteln: Die Tatsache, dass Deutsch-Südwestafrika formal nicht durch Südafrika annektiert, sondern nur als Mandat übergeben wurde, ermöglichte es den UN 1966, das Mandat wieder zu entziehen – eine wichtige Voraussetzung für die Unabhängigkeit Namibias 1990.

Für Deutschland war der Verlust der Kolonien ein schwerer Schlag, der die Republik belastete. Mit dem Vertrag von Versailles mussten die Deutschen eingestehen, unfähige Kolonialherren zu sein. Zum Beweis hatten britische Offiziere nach der Eroberung Südwestafrikas Berichte über Gräueltaten und Misshandlungen gesammelt und Überlebende des Genozids an den Herero und Nama befragt. Das deutsche Bürgertum, das so stolz auf das kaiserliche Kolonialreich gewesen war, empfand dies als schwere Demütigung. Neben die »Kriegsschuldlüge« gesellte sich in der Agitation gegen Versailles die »Kolonialschuldlüge« – der Vorwurf trug nicht unerheblich dazu bei, dass der Kolonialrevisionismus Zulauf erhielt und in den Dreißigerjahren blühte. Viele, die von der Kolonialzeit träumten, setzten ihre Hoffnungen auf die Nationalsozialisten, deren Interesse jedoch vor allem einem »deutschen Osten« galt. ■

JÜRGEN ZIMMERER *ist Professor für Globalgeschichte und Leiter der Forschungsstelle »Hamburgs (post-)koloniales Erbe« an der Universität Hamburg*

Smyrna geht in

Als das Osmanische Reich zerbricht, schlagen Türken und Griechen, Muslime
und Völkermord als Geburtswehen des türkischen

Flammen auf

und Christen erbittert aufeinander ein. Die Westmächte billigen Vertreibung
Nationalstaates VON MICHAEL THUMANN

**TÖDLICHES
FEUER**
Am 13. September
1922 brennt
Smyrna (das
heutige Izmir).
Türkische
Truppen vertreiben
Griechen, Juden
und Armenier. Die
Besatzungen der
alliierten Kriegs-
schiffe im Hafen
sehen tatenlos zu

Er ging zum Spielen ans Meer. Der zwölfjährige Georgios Zubariotis schnippte am Kaiufer von Smyrna Steinchen ins Wasser, als er Rufe und Schreie hörte. Er sah das Theatergebäude, grell erleuchtet, es stand in Flammen. Im Feuer tanzten und zuckten Schatten. Viele Menschen hatten dort Zuflucht gesucht, gehofft, dass in der Stadt wenigstens das Theater sicher sei. Drinnen, das konnte Georgios nur ahnen, hämmerten Frauen, Männer und Kinder an Wände und Türen. Sie drückten mit aller Kraft gegen die schweren Tore. Doch die waren abgesperrt. Wächter vor dem Theater achteten darauf, dass keiner sie öffnete, bis das Feuer sein Werk getan hatte. Entsetzt rannte Georgios davon und alarmierte seine griechische Familie.

Der große Brand von Smyrna beim Einmarsch türkischer Truppen am 13. September 1922 ist bis heute ein Albtraum für Griechen und Armenier. Damals verlor auch Georgios seine Stadt und seine Heimat. Über eine halbe Million Menschen flohen, wenn sie noch konnten. Heute ragen am Ufer des Mittelmeers, wo einmal die Altstadt war, moderne Büroklötze und Hotels in die Höhe; wo Georgios' Verwandte und Freunde wohnten, leben Menschen anderer Religion. Wo Friedhöfe waren, steht nicht ein griechischer Grabstein. Die Stadt hat keine Geschichte mehr, aber einen neuen Namen: Izmir.

Die blutige Besetzung Smyrnas durch türkische Soldaten war der für die ganze Welt sichtbare Wendepunkt im großen Überlebenskampf der Türkei am Ende des Ersten Weltkriegs. Der türkische General Mustafa Kemal Atatürk siegte über die fremden Armeen in Anatolien. Der türkische Nationalstaat entstand, und viele seiner Bürger wurden vertrieben – wenn sie christlichen Glaubens waren. Im Gegenzug wurden Muslime vom Balkan nach Anatolien gebracht. Dieser gewaltige Bevölkerungsaustausch begann als wilde ethnische Säuberung und endete im Juli 1923 als Abkommen zwischen der Türkei und ihren Kriegsgegnern.

Als Georgios bei seiner Familie Alarm schlug, verbarrikadierte man sich zunächst im Haus. Bald schon patrouillierten türkische Milizen auf der Straße. Durch ein Fenster waren Erschossene zu sehen. Dann brachen auch hier die Feuer aus. Erst im armenischen Viertel, dann im griechischen. Menschen verbrannten in ihren Schlafzimmern.

Georgios' Vater floh mit seiner Familie in die nahe gelegene Johanneskirche. Kein sicherer Ort: Sie wurden von türkischen Banden ausgeraubt. Wer kein Geld oder Gold bei sich hatte, starb. Die nächste Nacht verbrachten sie auf einem Friedhof. Eltern versteckten ihre Mädchen in den Gräbern und unter Grabsteinen, damit sie nicht vergewaltigt wurden. Georgios' Schwester verkleidete sich als alte Frau, mit einem Kissen als Buckel auf dem Rücken. Sie harrten zwei Nächte aus in einem Mausoleum einer alteingesessenen Familie aus Smyrna. Bis es auch dort gefährlich wurde und sie weiterzogen – durch die Stadt voller Flüchtlinge, Vertriebener und Entwurzelter. Alle hatten nur ein Ziel: zum Meer, auf ein Schiff, nach Griechenland.

Am Kai herrschte ein mörderisches Gedränge. Alte und Kranke lagen am Boden. Manche sprangen ins Wasser, um die Schiffe zu erreichen. Dazwischen traten türkische Milizen auf der Suche nach jungen Mädchen und nach Männern im wehrfähigen Alter. Die Mädchen zur Vergewaltigung, die Männer zur Erschießung. Georgios' Vater war in höchster Gefahr. Verzweifelt schwamm er hinüber zum französischen Kriegsschiff *Ernest Renan*. Als die Matrosen ihn entdeckten, bat er sie laut rufend, ihn hochzuziehen, und klammerte sich an die Ankerkette. Doch anstatt zu helfen, kippten die Seeleute Wasser herunter. Siedendes Wasser. Schreiend ließ der Vater die Kette los und schwamm zurück ans überfüllte Ufer.

Die Westmächte befanden sich nicht auf einer Friedensmission im Osmanischen Reich – sie führten hier an Europas Südostflanke einen brutalen Krieg. In Gallipoli hatten sie sich 1915 mit den Türken eine der verlustreichsten Schlachten der Weltgeschichte geliefert. Jetzt, nach dem Untergang des Osmanischen Reiches, standen sie mit Soldaten im Land. Sie hatten das Reich besiegt und ihm im August 1920 den Frieden diktiert.

Im Pariser Vorort Sèvres musste der Bevollmächtigte von Sultan Mehmet VI. und der osmanischen Regierung die Selbstaufgabe und Zerstörung des Osmanischen Reichs abzeichnen. Es war ein Frieden, härter als der Versailler Vertrag für Deutschland, härter als Saint-Germain für Österreich, härter als Trianon für Ungarn. Das Osmanische Reich verlor den größten Teil seines Territoriums. Der Süden ging an die neuen arabischen Nationalstaaten unter britischer und französischer Aufsicht, einschließlich der irakischen Stadt Mossul, wo viele Turksprachige lebten. Die Armenier bekamen einen unabhängigen Staat in Ostanatolien, die Kurden ein autonomes Gebiet im Südosten, die Italiener griffen sich die Dodekanes-Inseln mit Rhodos. Die Briten ließen sich zudem die Annexion Zyperns beglaubigen und übernahmen Jerusalem als Mandatsgebiet. Um das Marmara-Meer und Konstantinopel entstand eine internationale Zone. In der Hauptstadt herrschten

Emissäre aus London und Paris. Die Türkei gehörte sich selbst nicht mehr.

Zur Überlebensfrage aber wurde der griechische Feldzug in Anatolien. Mit Unterstützung der Westmächte hatten griechische Marinesoldaten schon 1919 Smyrna erobert. Dabei kam es zu Massakern an der muslimischen Minderheit, die sich später bitter rächten. In Sèvres hatte Griechenland die Verwaltung von Smyrna zugesprochen bekommen. Der damalige Premierminister Eleftherios Venizelos gab sich damit zufrieden. Doch er stürzte Ende 1920, und seine Nachfolger gierten nach mehr. Griechische Truppen griffen auch die Resttürkei an und kämpften sich bis Zentralanatolien vor. Am Fluss Sakarya, nicht weit von Ankara, blieb die schlecht geplante Offensive im September 1921 stecken. Zu stark war der Gegner, zu stark der türkische Zorn auf die Invasoren, zu stark der neue Führer des Landes: Mustafa Kemal Atatürk. Er war es, der aus

den besetzten Ruinen des Osmanischen Reiches die türkische Republik schuf. Dank Atatürk wurde die Türkei das einzige Land, das seinen Pariser Vorortvertrag revidierte und die katastrophale Niederlage in einen Triumph verwandelte. Ein Verlierer, der zum Sieger wurde.

Für den türkischen Nationalstaat aber brauchte es nicht nur die neue Hauptstadt Ankara samt Nationalversammlung, Zentralbank und Präsidentenhügel. Es brauchte noch: ein Staatsvolk.

Anatolien war ein Vielvölkerland, in dem Muslime und Christen nebeneinander lebten und sich weder klar als »Türken« noch als »Griechen« fühlten. Sie waren Untertanen des Sultans gewesen und redeten miteinander in derselben Sprache. Die Nation musste also erfunden werden, und das Kriterium der türkischen Nationalisten dafür war die Religion. Muslim gleich Türke, so einfach war das. Deshalb wurden Kurden – oft gegen ihren Willen – zu Tür-

AUF DER FLUCHT

Tausende griechische Einwohner Smyrnas versuchen den türkischen Truppen zu entkommen, viele von ihnen über das Mittelmeer

ken erklärt und griechische und armenisch-orthodoxe Christen zu unerwünschten Ausländern. Das hatte furchtbare Folgen.

Der türkische Historiker Taner Akçam hat nachgewiesen, dass griechische Christen im Osmanischen Reich schon seit 1914 systematisch terrorisiert und vertrieben wurden. Unter der nationalistischen jungtürkischen Regierung sei die ethnische Säuberung zielstrebig geplant worden. Einer der von höchsten Stellen beauftragten Bandenchefs bezeichnete Nichtmuslime als »innere Tumoren«, die »herausgeschnitten« werden müssten. Die Regierung gab vor, von alledem nichts zu wissen, und ließ die Verbrecher machen. Die Vertreibungen begannen noch vor der furchtbarsten aller »Säuberungen« in Anatolien: dem Genozid an den armenischen Christen seit April 1915. Die türkischen Nationalisten rechtfertigten die Verbrechen als »Kriegsgeschehen« und mit der historischen Tatsache, dass die jungen Balkanstaaten zuvor massenhaft Muslime vertrieben hatten. Die Idee, dass man ein Territorium von einem Volk »säubert«, um es mit anderen Menschen zu besiedeln, war schon vor dem Ende des Osmanischen Reiches geboren worden.

Für die türkischen Truppen, die unter Mustafa Kemal Atatürk 1921/22 die griechischen Invasionstruppen aus Westanatolien vertrieben, war die Mischung aus Landnahme und Säuberung beinahe normal. Es ging darum, das Land zurückzuerobern, aber ohne seine Menschen. Ein erheblicher Teil der Bevölkerung war schlichtweg unerwünscht: so auch die Christen in Smyrna oder Ayvali und in Tausenden anatolischen Dörfern. Griechische und armenische Männer verschwanden in Arbeitslagern und

auf Todestrecks. Ihre Frauen und Kinder wurden vertrieben. Allein in Smyrna starben bei dem Brand und der Eroberung rund 30.000 Menschen.

Doch erst im Vertrag von Lausanne, der den Vertrag von Sèvres ablöste, wurde dem epochalen Verbrechen das Siegel der Rechtmäßigkeit aufgedrückt. Am 24. Juli 1923 unterzeichneten der türkische Vertreter Ismet Inönü, der Grieche Eleftherios Venizelos sowie die Außenminister Frankreichs, Großbritanniens, Italiens, Japans, Rumäniens und des neu gegründeten Königreichs der Serben, Kroaten und Slowenen den Vertrag im Palais de Rumine in Lausanne. Damit wurde das Osmanische Reich endgültig beerdigt und der Weltkrieg in Südosteuropa beendet. Frankreich und Großbritannien applaudierten den Details.

Mit wenigen Ausnahmen wurden in Lausanne die heutigen Grenzen der Türkei und Griechenlands völkerrechtlich festgelegt. Die neue Türkei bestand seither im Wesentlichen aus Anatolien und Ostthrakien. Alle Privilegien westlicher Mächte in Konstantinopel wurden abgeschafft. Die Türkei gehörte sich wieder selbst.

Ein wichtiger Teil des Vertrags betraf die Menschen: Die Folgen von Vertreibungen, Massenmorden und Enteignungen während des Krieges wurden ebenso gebilligt und anerkannt wie der »Bevölkerungsaustausch«, auf den sich Griechen und Türken schon sechs Monate zuvor, im Januar 1923, geeinigt hatten. Rund 1,5 Millionen Menschen christlichen Glaubens mussten die junge Türkei verlassen, eine halbe Million Menschen islamischen Glaubens mussten in die Türkei übersiedeln. Implizit wurde damit auch der Genozid an den Armeniern still und leise zu den Akten gelegt – er war den Westmächten noch nicht mal eine Erwähnung wert. Für viele Politiker galt diese Regelung als Garant stabiler Verhältnisse und Vorbild für künftige Friedensregelungen. Auch der damalige britische Minister Winston Churchill sanktionierte die Vertreibungen: »Es gibt dann keine Vermischung der Völker, die endlosen Ärger beschert.«

Vertreibung und in letzter Konsequenz Völkermord sind unappetitliche, aber unvermeidliche Voraussetzungen des Nationalstaats – so dachten viele damals. Im Zweiten Weltkrieg eskalierte dieses Denken weiter. Erst danach wurde Völkermord international geächtet, endlich.

Immerhin gehörten ein paar Schutzbestimmungen für die verbliebenen Minderheiten auch zum Lausanner Vertrag. Sie regelten die Rechte der Muslime in Griechenland und jene der griechischen Christen in Konstantinopel sowie auf zwei Ägäisinseln, die zur Türkei geschlagen wurden. Die Muslime leben heute noch in Nordgriechenland. Die Türkei aber widerrief die in Lausanne verbrieften Rechte später und vertrieb auch diese griechischen Christen, erst von den Inseln, ab 1955 auch aus Konstantinopel, das mittlerweile Istanbul hieß. Fast alle flohen nach Griechenland.

Georgios, der zwölfjährige Junge aus Smyrna, half seinem Vater nach dem Fluchtversuch aus dem Wasser. Die Kochwasser-Salven der Franzosen hatten den Vater nur am Arm getroffen. Zurück am Kai, durften die Türken ihn nicht als Mann erkennen. Georgios' Schwester hatte ihm Frauenkleider besorgt. Der Vater schlüpfte in das weite Kleid einer Landfrau, quetschte seine Füße in Frauenschuhe, zog sich ein Kopftuch tief ins Gesicht und wickelte es um Hals und Mund. Sie blickten auf die brennende Stadt und wussten: Ihr einziger Ausweg war das Meer. Also blieben sie am völlig überfüllten Kai zwischen den Flüchtlingen sitzen. Sie sahen Men-

schen, die tot im Wasser trieben. Diebe sprangen ins Meer und raubten die Leichen aus. Weil sie schlecht schwammen, klauten sie den Schmuck, indem sie Ohrringe samt Ohrläppchen und Finger hastig mit Messern abschnitten.

Tagelang harrten Georgios und seine Familie am Ufer aus. Auch Georgios hatte sich zur Sicherheit als Mädchen verkleidet. Am 26. September 1922 bot sich endlich eine Chance: Am Anleger nahm ein Schiff Flüchtlinge auf. Sie drängelten sich zum türkischen Checkpoint davor. Die Türken sortierten die Männer aus. Der Vater zitterte in Kleid und Kopftuch um sein Leben. Aber sie kamen durch und rannten aufs Schiff. Vor Anstrengung brach der Vater bewusstlos zusammen. Das Schiff legte ab.

Am Nachmittag erreichten sie endlich Lesbos. Jene griechische Insel, die heute wieder das Ziel vieler Flüchtlinge aus aller Welt ist. ∎

MICHAEL THUMANN *ist außenpolitischer Korrespondent in der Hauptstadt-Redaktion der ZEIT*

WEITERLESEN
Bruce Clark: »Twice a Stranger. How Mass Expulsion Forged Modern Greece and Turkey« Harvard University Press 2009

Tag und Nacht, Schlacht für Schlacht hat Faisal, Prinz des Hedschas, für diesen Moment gekämpft: Am 3. Oktober 1918 wird er endlich einziehen in Damaskus. In die Hauptstadt Syriens, das politische Zentrum der arabischen Welt. Doch der feierliche Einritt gelingt nicht so, wie Faisal es sich erhofft. Ungeduldig wartet General Edmund Allenby auf ihn, der Kommandant der Briten im Nahen Osten. Kaum ist Faisal in der Stadt, lässt Allenby ihn ins Victoria-Hotel bitten. Es gibt etwas zu besprechen.

Zwei Jahre zuvor hat Faisals Vater, Scherif Hussein von Mekka, Oberhaupt des Clans der Haschemiten, die Araber zu einer Revolte gegen ihre osmanischen Herren aufgerufen und sich zum König von Arabien proklamiert. Die Briten sagten Unterstützung zu; sie brauchten Hilfe beim Sturz des Osmanischen Reichs. Sohn Faisal zog mit Kämpfern der Beduinenstämme und dem britischen Offizier Thomas Edward Lawrence in die Wüste, um einen Guerillakrieg anzuzetteln. Nach der Eroberung der Festung Akaba drangen Lawrence und Faisal Städtchen für Städtchen weiter in den wüsten Süden Syriens vor. An der Hedschas-Bahn Richtung Mekka legten sie Hinterhalte und schossen osmanische Soldaten nieder, unter ihnen viele Araber. Zeitweise unterbrachen sie den Zugverkehr komplett. Faisal hielt General Allenby so den Rücken frei, als die Briten im Dezember 1917 Jerusalem eroberten. Stets begleitete Lawrence und Faisal der Schlachtruf: »Nach Damaskus!«

Am 2. Oktober 1918 wartete Faisal in der Wüstenstadt Dera'a auf Signale; Lawrence war bei den Briten. Ein Bote aus dem hundert Kilometer entfernten Damaskus brachte die Kunde, dass es für die Eroberung vielleicht schon zu spät war: Zwei Tage zuvor waren australische Verbände unter britischem Befehl in die Stadt eingerückt. Jetzt tanzten die Damaszener auf den Straßen; Männer feuerten in die Luft, Frauen ließen Blumen regnen und verteilten Gebäck. Überall wehten die Farben der arabischen Nationalbewegung, behauptete der Bote. Es sei höchste Zeit, dass Faisal, nach dem die Menschen verlangten, in ihre Straßen einziehe. Wie ein König.

NACH DAMASKUS!
Prinz Faisal hoch zu Ross in der Wüste Arabiens, aufgenommen von dem amerikanischen Journalisten Lowell Thomas, der ihn und T. E. Lawrence 1918 im Krieg begleitet

Ein Königreich für Faisal

Der Nahostkonflikt beginnt: Wie die Westmächte Araber und Beduinen
für sich kämpfen lassen – ihnen die Unabhängigkeit aber verwehren VON MARKUS FLOHR

Arabische Konkurrenten hätten sich schon als neue Machthaber installiert; aber der listige Lawrence habe sie mit britischer Höflichkeit wieder abgesetzt.

Faisal steigt am Morgen des 3. Oktober in die Hedschas-Bahn, die auf diesem Abschnitt noch fährt. An einem Haltepunkt nahe Damaskus wechselt er aufs Pferd. Mitstreiter erwarteten ihn. »Er erreichte Damaskus von Süden her«, schreibt Ali Allawi, ehemaliger Verteidigungsminister des Irak, in seiner großen Faisal-Biografie, »begleitet zu Pferde von den Stammesführern der Ruwala, der Howeitat und der Drusen. Hinter ihnen die Kämpfer auf Kamel und zu Fuß, Tausende an der Zahl. Es war ein großartiges Spektakel. Ganz Damaskus schien herauszukommen, um den großen Helden zu begrüßen.« Jubel erhebt sich überall. Doch dann muss Faisal den Triumphzug abbrechen, weil General Allenby ungeduldig wird.

Als er im Victoria-Hotel ankommt, sieht Faisal, dass auch Lawrence bei Allenby ist und schmallippig dreinschaut. Faisal ahnt, dass es unerfreulich wird. Allenby verkündet, dass die Briten zwar die arabische Unabhängigkeit unterstützen, aber Syrien französisches Protektorat wird. Faisal soll unter französischer Aufsicht stehen. Die Regierung in Paris bestimmt.

**DEN DOLCH
IM GEWANDE**
Prinz Faisal (vorn)
mit Entourage
bei der Konferenz
1919, rechts
hinter ihm
T. E. Lawrence

Der Libanon und Palästina werden nicht Teil seines Herrschaftsgebiets, und für den Übergang bekommt er einen französischen Offizier an die Seite gestellt.

Allenby hat in den vorangegangenen Tagen eine Reihe recht wirrer Instruktionen aus London bekommen, ein Echo der ebenso widersprüchlichen Politik während des Krieges. Die Briten machten seit 1915 drei verschiedene Versprechen, die einander nun blockieren: Da ist zum Ersten die recht vage Zusage einer Unterstützung der arabischen Unabhängigkeit, die Henry McMahon, britischer Hochkommissar in Ägypten, Scherif Hussein bereits 1915 gab. Die Briten wollten auf diesem Wege eine arabische Revolte provozieren. Die zweite Verpflichtung ist das Sykes-Picot-Abkommen von Mai 1916, in dem Großbritannien und Frankreich deutlich verbindlicher den gesamten Nahen Osten unter sich aufteilten, auch die Russen waren daran beteiligt. Und schließlich gibt es die Balfour-Deklaration von November 1917, in der den Juden in Palästina, wiederum eher blumig, eine »nationale Heimstatt« in Aussicht gestellt wurde. Außenminister Arthur Balfour ging es darum, jüdische Verbündete im Krieg und für die Zeit danach zu gewinnen.

General Allenby hält sich beim Gespräch mit Faisal in erster Linie an Sykes-Picot. Faisal und Lawrence kennen die britischen Verpflichtungen – sie hatten gehofft, durch ihre Eroberung von Damaskus die Briten zu zwingen, das Sykes-Picot-Abkommen zu brechen. Ein arabisch befreites Damaskus werde London nicht an die Franzosen geben, so das Kalkül. London sieht das anders.

Faisal reagiert bitter enttäuscht. Er besteht auf einem freien Syrien. Befehle von Franzosen will er nicht akzeptieren. Der Historiker David Fromkin schildert eindrücklich, wie sich der Moment zuspitzt: Allenby ist verwundert und überrascht. Er fragt Lawrence, ob er Faisal nicht gesagt habe, dass die Franzosen das Protektorat über Syrien bekommen. »*No, Sir*«, sagt Lawrence. Aber dass Faisal den Libanon nicht bekomme? Auch das will Lawrence nicht gewusst haben. Genervt sagt Allenby, dass er die Befehlsgewalt habe, weswegen Faisal bis zur Klärung der arabischen Frage auf der Friedenskonferenz zu gehorchen habe. Faisal akzeptiert und verlässt das Victoria-Hotel. Auf dem Vorplatz wird er von einer Menge begrüßt, die ihn lautstark feiert, als neuen König von Syrien, wenn nicht von Arabien.

Lawrence lässt sich noch am selben Tag nach Großbritannien schicken. Ihn plagt das schlechte Gewissen, schreibt er später in seinem autobiografischen Roman *Die sieben Säulen der Weisheit*, weil

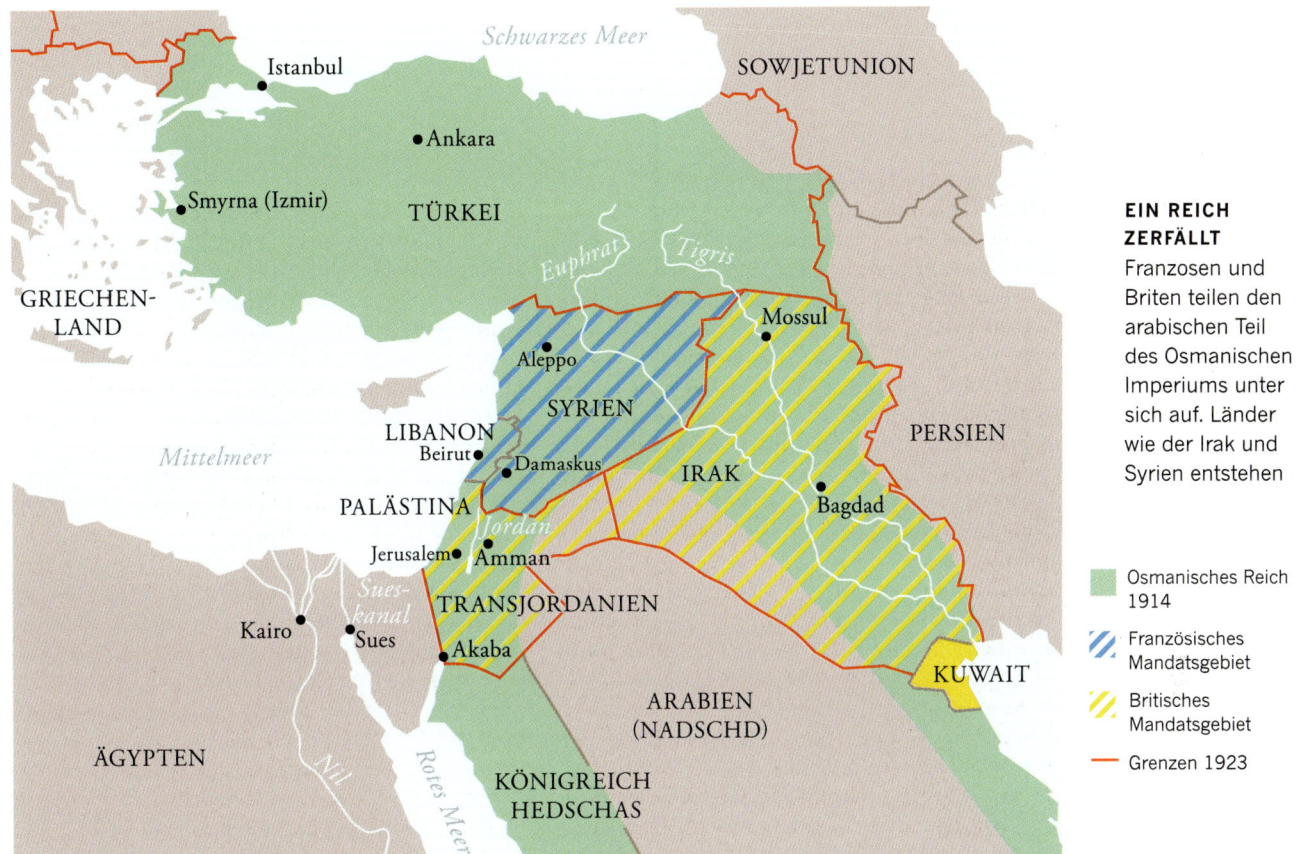

EIN REICH ZERFÄLLT

Franzosen und Briten teilen den arabischen Teil des Osmanischen Imperiums unter sich auf. Länder wie der Irak und Syrien entstehen

■ Osmanisches Reich 1914

▨ Französisches Mandatsgebiet

▨ Britisches Mandatsgebiet

— Grenzen 1923

er Faisal, die Araber und ihren Freiheitskampf verraten habe. Ganz so einfach ist es jedoch nicht. Faisal und noch mehr sein Vater hielten sich lange alle Möglichkeiten offen: Bis zum Fall von Damaskus korrespondierten sie mit den Osmanen darüber, im Krieg eventuell die Seiten zu wechseln.

In den folgenden Wochen ruht Lawrence sich nicht aus, sondern stürzt sich in die Vorbereitung der Friedenskonferenz von Paris, an der er als Verbindungsoffizier der Briten in Faisals Delegation teilnehmen soll. Er wird in London bei Außenminister Balfour vorstellig, beim Büro des Premierministers Lloyd George und nimmt an diversen Planungstreffen teil. Überall verbreitet Lawrence hartnäckig die Legende, es sei Faisal gewesen, der Damaskus »befreit« habe. Daraus leitet er den Anspruch auf ein unabhängiges Syrien unter Faisal ab, höchstens unter britischem Protektorat, keinesfalls unter französischem.

Man hört Lawrence geduldig zu. Auch britische Diplomaten halten Sykes-Picot für überholt. Zudem ist Lawrence ein Kriegsheld, über den die Zeitungen schreiben und dessen Popularität wächst und wächst.

Mitte Dezember 1918 kommt auch Faisal nach Großbritannien. Weil Lawrence seiner Regierung nicht traut, suchen sie gemeinsam nach neuen Verbündeten: Sie treffen sich mit zionistischen Aktivis-

ten, und Faisal schließt am 3. Januar 1919 mit Chaim Weizmann, der die zionistische Delegation in Paris anführen wird, ein Abkommen. Der Prinz akzeptiert darin die Balfour-Deklaration, allerdings unter der Bedingung, dass unter Mithilfe der Briten auch ein arabisches Königreich gegründet wird. Historiker streiten darüber, wie viel an diesem Pakt Taktik ist und wie viel Überzeugung – in jedem Fall ist es ein einzigartiges Dokument, weil in dieser Übereinkunft eine Perspektive auf den bis heute andauernden Konflikt um Israel und Palästina aufschimmert, die hundert Jahre später kaum mehr möglich scheint.

In Paris kämpfen Faisal und Lawrence darum, ernst genommen zu werden: Prinz Faisal wird von den Franzosen nur als Vertreter des Königreichs Hedschas anerkannt, also als Emissär seines Vaters Hussein, nicht als Vertreter Arabiens. Lawrence nimmt Kontakt zu den USA und Präsident Wilson auf. Immerhin hat Wilson selbst im zwölften seiner berühmten 14 Punkte den kleineren »Nationalitäten« des zerbrechenden Osmanischen Reichs in Aussicht gestellt, »völlig ungestörte Gelegenheit« zur »unabhängigen Entwicklung« zu bekommen.

Doch die Franzosen und Briten sehen auch das anders. Bereits am 1. Dezember haben sich Lloyd George und der französische Premier Clemenceau in London abgesprochen und den Nahen Osten ein zweites Mal unter sich aufgeteilt. Sykes-Picot revidieren sie, aber nur leicht: Lloyd George bittet darum, auch Mossul im Irak und ganz Palästina für die britische Krone zu bekommen. Clemenceau willigt ein.

Wie viel Glaubwürdigkeit und welche Chance die Europäer in diesem Moment verspielt haben, wird ihnen erst später klar werden. Im Januar 1919 gab es durch die Allianz Faisals und Weizmanns noch die Möglichkeit, dass Araber und Juden über die Zukunft des Nahen Ostens ernsthaft verhandeln und sie gemeinsam planen. Der amerikanische Schriftsteller Scott Anderson schreibt in seiner Lawrence-Biografie: »Es ist schwer, sich vorzustellen, dass dies für eine traurigere Geschichte hätte sorgen können, als sie das folgende Jahrhundert tatsächlich brachte.«

Den Amerikanern gefällt es in Paris eine Weile lang, in Prinz Faisal einen Freiheitskämpfer zu sehen, der sich vom Joch des Imperialismus befreien will. Auch die Herren Regierungschefs lauschen gebannt, als er am 6. Februar 1919 eine Rede hält, in der er um die Unabhängigkeit Arabiens bittet. Es wird still im Saal, als Faisal am Ende minutenlang ohne Übersetzung in surrendem, elegantem Arabisch spricht, was die meisten Männer, die da beisammensitzen, nie zuvor gehört haben. Die Presse und die Menschen von Paris schauen ihm nach, wenn er in seinem wallenden Gewand mit seiner Entourage durch die Stadt wandelt. Doch ein freies Syrien bekommt Faisal dafür nicht.

Die USA schlagen vor, eine Kommission in den Nahen Osten zu schicken, die mit den Einheimischen sprechen soll, um einen Vorschlag für die Zukunft zu machen. Als die Kommission sich im Juni 1919 auf den Weg macht, unter der Leitung der Amerikaner Henry C. King und Charles R. Crane, wollen Briten und Franzosen nichts mehr davon wissen. Faisal reist bereits im April 1919 enttäuscht aus Paris ab und kehrt mit leeren Händen nach Damaskus zurück. Seine Unterstützer bangen um die Unabhängigkeit Arabiens, seinen Konkurrenten in der arabischen Nationalbewegung gilt er als Verräter, und sein Vater Hussein akzeptiert nichts von dem, was Faisal in Paris ausgehandelt hat. Die britische Forschungsreisende Gertrude Bell, als Nahost-Expertin in Paris, schreibt etwa um diese Zeit: »Faisal, mit seinen hohen Idealen, [...] versuchte sich zu behaupten gegen die verdeckte Feindschaft der Franzosen und die feurige Torheit seiner eigenen Anhänger, von seiner eigenen Familie angegriffen, fallen gelassen von der britischen Regierung«.

Im Herbst 1919 ziehen die Briten ihre Truppen aus Syrien ab, was Faisal weiter schwächt. Es bilden

WEITERLESEN
Ali A. Allawi:
»Faisal I of Iraq«
Yale University
Press,
New Haven/
London 2014

sich syrische Verbände, die gegen die Franzosen kämpfen wollen. Faisal reist Ende 1919 erneut nach Frankreich und verhandelt mit Clemenceau. Im November landen französische Truppen in Beirut. Immer wieder geraten sie mit haschemitisch-syrischen Verbänden aneinander. Alle Versuche der Annäherung scheitern, auch weil Clemenceau im Frühjahr 1920 als Regierungschef zurücktritt. Faisal beugt sich dem Druck seiner eigenen Leute und zieht den letzten Trumpf: Ohne britische oder andere internationale Unterstützung lässt er sich am 7. März 1920 zum König von Syrien ausrufen. Er ist ein verzweifelter Regent ohne Glanz und fast ohne Land.

Zwischen dem 19. und dem 26. April treffen sich die Westmächte in San Remo und teilen die Reste des Osmanischen Reichs auf. Die Briten bekommen ein Völkerbund-Mandat für Palästina westlich und östlich des Jordans sowie für Mesopotamien zugesprochen, die Franzosen für Syrien und den Libanon. Faisal ist zur Konferenz vorgeladen, bleibt aber in Damaskus.

Er ist nicht lange König: Die Scharmützel zwischen französischen Kolonialtruppen und syrischen Verbänden werden im Sommer 1920 ernster, bis die Franzosen ein Ultimatum stellen. Am 20. Juli gibt Faisal auf, nachdem er die Briten erfolglos um Hilfe und seine eigenen Anhänger um Mäßigung gebeten hat. Einen Teil seiner Truppen erreicht der Befehl nicht, oder sie wollen ihn nicht hören. Nahe einem Pass in den libanesischen Bergen kommt es am 24. Juli 1920 zur Schlacht von Maysalun, bei der das vier Monate alte Königreich Syrien untergeht.

Faisal flieht.

Am 19. August 1920 sitzt der vertriebene König von Syrien auf dem Bahnsteig von El Qantara am Sueskanal auf seinen Koffern. Seine Leute hat er bis auf eine letzte kleine Schar nach Hause geschickt. Er kann sie nicht mehr bezahlen. Seine Augen sind gerötet. Am folgenden Morgen geht Faisal an Bord eines Handelsschiffs nach Italien. Sein Vater Hussein hat neue Pässe für die Überfahrt geschickt – und die Ermahnung, in Zukunft besser auf ihn zu hören. Die Passage dauert zwei Tage. Aufgegeben hat Faisal nicht. Sein Traum von einem panarabischen Königreich ist in weite Ferne gerückt. Im folgenden Jahr wird er mit der Hilfe von Lawrence und Gertrude Bell einen neuen Anlauf im Irak wagen. Jetzt will er in die Schweiz, dann nach Großbritannien. Nur um Frankreich macht er künftig einen Bogen. ■

MARKUS FLOHR *ist Redakteur von ZEIT Geschichte*

Versailles und das 20. Jahrhundert

Abzeichen der Nationalsozialisten aus dem Jahr 1935. Mit der Einführung der allgemeinen Wehrpflicht, so will es die Propaganda, hat Hitler die »Ketten von Versailles« gesprengt

Nur
die
14
Punkte

DAS DANKBARE VA___ ___IEGREICHEN HEERE

WUTBÜRGER
Eine Menschen-
menge versammelt
sich im Mai 1919
auf dem Berliner
Königsplatz
zwischen Siegessäule
und Reichstag,
um gegen die
Bestimmungen
des Versailler
Vertrags
zu protestieren

Der verhasste Vertrag

Den Nationalsozialisten dient der »Schandfrieden«
als Propagandawaffe gegen die Republik.
Dass Weimar an Versailles gescheitert ist,
gehört jedoch ins Reich geschichtspolitischer Mythen

VON ECKART CONZE

Nun wird – wenn die Ermattungsepoche vorbei sein wird – der Friede diskreditiert sein, nicht der Krieg.« Max Weber, der Soziologe, der im Mai 1919 als Berater der deutschen Delegation einige Tage in Versailles verbrachte, sollte recht behalten. Nicht nur der Versailler Vertrag, auch die Dokumente von Saint-Germain, Trianon, Neuilly und Sèvres galten schon den Zeitgenossen als schlechte Verträge. Auch in den Siegerstaaten fanden sich kaum Verteidiger. Zu den profiliertesten Kritikern zählte der in Cambridge lehrende Ökonom John Maynard Keynes, der in Paris der britischen Delegation angehörte – und in Deutschland zum Kronzeugen all derer wurde, die den Versailler Vertrag für unvertretbar hielten. Selbst der ehemalige italienische Ministerpräsident Francesco Nitti, der 1919 den Versailler Vertrag eigenhändig unterschrieben hatte, konnte zwei Jahre später in dem Friedensschluss nichts anderes mehr erkennen als ein »Mittel zur Fortsetzung des Krieges«.

Am negativen Urteil der Zeitgenossen änderte sich auch in den folgenden Jahrzehnten wenig. Die Siegermächte, insbesondere Großbritannien, aber auch Frankreich, reagierten zurückhaltend auf die aggressive deutsche Außenpolitik nach 1933, weil sie es für legitim hielten, dass Deutschland sich aus den »Ketten von Versailles« befreite – und verkannten, dass es Hitler nicht nur um Versailles ging, sondern um Hegemonie und rassenideologisch bestimmte Expansion.

Nach dem Zweiten Weltkrieg änderte sich zwar die Bewertung der deutschen Außenpolitik, nicht aber das Bild von Versailles. Noch 1984 schrieb der amerikanische Diplomat und Historiker George F. Kennan in der *New York Times,* die »Rachsucht der britischen und französischen Friedensbedingungen« habe dem Nationalsozialismus und einem weiteren Krieg den Boden bereitet. Der Zweite Weltkrieg sei das Ergebnis »des dummen und demütigenden Straffriedens« gewesen, der Deutschland auferlegt worden sei. Der britische *Economist* urteilte in seiner Millenniumsausgabe 1999/2000, das letzte Verbrechen im Ersten Weltkrieg sei der Versailler Vertrag gewesen, dessen harte Bedingungen einen weiteren Krieg unausweichlich gemacht hätten.

Das Ende der Weimarer Republik, der Aufstieg und die Machtübernahme der Nationalsozialisten und schließlich der Zweite Weltkrieg haben den Versailler Vertrag und die Friedensordnung von 1919/20 nachhaltig diskreditiert. Das Vertragswerk und seine Folgen wurden mit dem Nationalsozialismus und seinen Verbrechen in Verbindung gebracht: 1933 und 1939 bestimmten den Blick auf den Friedensschluss, der in diesem Licht kaum eine Chance auf unvoreingenommene Beurteilung hatte. So wie der 9. November 1918 bis vor Kurzem nicht als echte Revolution und hoffnungsvoller Anfang einer Demokratie wahrgenommen wurde, sondern nur als Beginn einer Entwicklung, die zur Zerstörung der Republik und zur Machtübernahme der Nationalsozialisten führte, so wurde auch der Versailler Vertrag zum integralen Bestandteil eines deterministischen Geschichtsnarrativs. Für die Offenheit der Zukunft, die Wahrnehmung der Zeitgenossen von 1919, war darin wenig Platz.

Umso mehr Raum bot diese Erzählung nach 1945 für exkulpierende Argumente. Schon in den Dreißigerjahren hatten viele Deutsche die große Zustimmung zum Nationalsozialismus mit Versailles erklärt. Nun begründeten ehemalige Anhänger des Regimes, warum sie in die NSDAP eingetreten waren: nicht aus ideologischer Überzeugung und antisemitischem Eifer, sondern weil man es den Nationalsozialisten zutraute, den ungeliebten Versailler Vertrag zu überwinden.

Aber war der Vertrag, wenn man ihn unvoreingenommen aus seiner Zeit heraus betrachtet und nicht sofort in die Perspektive von Nationalsozialismus und Zweitem Weltkrieg rückt, wirklich so schlecht? Die emotional aufgeladene Wahrnehmung hat schon in den Jahren nach 1919 den Blick auf die Möglichkeiten verstellt, die der Vertrag einer friedlichen Entwicklung in Europa eröffnete. Tatsächlich beließ er auch dem Deutschen Reich durchaus Chancen. Versailles war kein milder, aber auch kein »karthagischer Frieden«, wie es nach 1919 immer wieder hieß. Bei allen Gebietsverlusten und Reparationen, allen wirtschaftlichen Schwächungen und Belastungen blieb Deutschland nicht nur als Staat, sondern – anders als 1945 – auch als europäische Macht, als potenzielle Großmacht erhalten.

Die Deutschland auferlegte Reparationslast galt und gilt vielen Kritikern als Beweis für den harten Strafcharakter des Versailler Vertrags. Dabei wurde in Paris zwar eine deutsche Reparationsverpflichtung festgelegt, die Höhe jedoch offengelassen. Das war dem Zeitdruck geschuldet, unter dem die Siegermächte 1919 standen, aber auch den Meinungsunterschieden in dieser Frage: Die Alliierten konnten sich nicht auf eine Summe einigen. Erst 1921 legte man die Höhe der Zahlungen auf 132 Milliarden Goldmark fest – und forderte die Deutschen ultimativ auf, diesen Betrag zu akzeptieren.

Der Aufschrei in Deutschland war gewaltig. Kaum einer wollte 1921 noch wissen, dass die Deutschen zwei Jahre zuvor selbst eine (allerdings zinsfreie) Reparationszahlung in Höhe von 100 Milliar-

1919: Deutsches Protestplakat gegen
die Versailler Bestimmungen

Um 1921: Aufruf zur Kundgebung gegen
den »Kriegsschuldparagraphen«

1924: Die Deutschnationale Volkspartei
deutet den Vertrag antisemitisch

den Goldmark vorgeschlagen hatten; und kaum einer erinnerte sich noch daran, dass eine erste Gesamtforderung von britischer Seite auf 220 Milliarden Mark beziffert worden war. Diese Zahl kursierte im britischen Parlamentswahlkampf Ende 1918, in dem sich die Parteien mit astronomischen Reparationssummen zu überbieten versuchten. *»Germany must pay«,* darüber war man sich einig, und Minister Eric Geddes konnte sich breiter Zustimmung sicher sein, als er forderte, »die deutsche Zitrone auszupressen, bis ihre Kerne quietschen«.

Die 132-Milliarden-Forderung von 1921 war in der Reparationsfrage noch lange nicht das letzte Wort. Die folgenden Jahre zeigten vielmehr, dass es den Alliierten nicht darum ging, eine absolute Summe durchzusetzen, sondern die Lasten und den Zahlungsmodus der deutschen Leistungsfähigkeit anzupassen und so zur wirtschaftlichen und politischen Stabilisierung des Landes beizutragen. Dafür freilich mussten alle Beteiligten, vor allem Frankreich und Deutschland, ihre Politik der Konfrontation hinter sich lassen, die 1923 mit der französischen Besetzung des Ruhrgebietes und der deutschen Hyperinflation in die Katastrophe geführt hatte.

Unter wesentlicher Beteiligung Großbritanniens und der Vereinigten Staaten, die Europa ökonomisch nach 1919 keineswegs den Rücken kehrten, kam es 1924 zum Dawes-Plan, der zwar die Gesamthöhe der Reparationen nicht veränderte, die jährlichen Zah-

lungen aber an die Wirtschaftskraft Deutschlands koppelte. Fünf Jahre später senkte der Young-Plan, an dessen Aushandlung die USA erneut führend beteiligt waren, die Reparationssumme auf 36 Milliarden Reichsmark und damit auf einen Betrag deutlich unter dem von 1921. Im Schatten der Weltwirtschaftskrise kam es schließlich 1931 zu einem Zahlungsmoratorium und 1932 zum faktischen Ende der Reparationen.

Die Weimarer Republik konnte von diesem enormen Erfolg allerdings nicht mehr profitieren. Sie befand sich im Sommer 1932, als die Reparationen gestrichen wurden, bereits in ihrer Agonie. Bittere Ironie, weil es vor allem die Reparationen waren, mit denen die rechten Republikfeinde das Vertrauen in den demokratischen Staat und die Parteien von Anfang an zu erschüttern versucht hatten.

Von 1919 an war »Versailles« eine Waffe im Kampf gegen die Republik. Vier Wochen nach der Unterzeichnung des Friedensvertrags und zwei Wochen nach seiner Ratifizierung appellierte Regierungschef Gustav Bauer (SPD) an die Nationalversammlung, »die Abrechnung über die Schuld dafür, dass alles so gekommen ist«, nun beiseitezulassen und »nach vorn zu sehen und Blick und Schritt vorwärts zu richten«. Doch dieser Wunsch erfüllte sich nicht. Die Vergangenheit ruhte nicht, weder im Parlament noch in der deutschen Gesellschaft.

1924: Auch die KPD agitiert
bei der Reichstagswahl gegen Versailles

1929: Rechtsnationale machen
Stimmung gegen den Young-Plan

1938: Plakat der NSDAP
nach dem »Anschluss« Österreichs

Bis an ihr Ende stand die Weimarer Republik im Schatten des Krieges und des Kaiserreichs. Gerade in den permanenten Debatten um den Versailler Vertrag und die Reparationen ging es nie nur um außenpolitische Fragen, das Verhältnis zu anderen Mächten und die Umsetzung der Friedensbestimmungen. Die Auseinandersetzung war stets auch eine innenpolitische und gesellschaftliche, in der die Republik über ihr Verhältnis zum Kaiserreich, über dessen politische Verfassung, seine Machtstrukturen und seine Eliten stritt – und damit auch über sich selbst und die demokratisch-parlamentarische Ordnung, die sich seit November 1918 zu entwickeln begann.

Versailles war in Politik und Gesellschaft der Weimarer Republik omnipräsent. Der Protest gegen den Vertrag, so hat es den Anschein, einte die Deutschen weit über das Jahr 1919 hinaus. Doch das ist ein oberflächlicher Befund, denn die geschlossene Ablehnung des Vertrags und der Wille, ihn zu revidieren, trugen weder zur Überwindung politischer und sozialer Gegensätze bei noch zur Stabilisierung der Republik, geschweige denn zur Akzeptanz der parlamentarischen Demokratie. Der Anti-Versailles-Konsens richtete die Deutschen auf ein negatives Ziel aus, er entfaltete keine konstruktive Wirkung.

Schon im Juni 1919 zeigte sich in den heftigen Auseinandersetzungen über die Annahme oder Ablehnung der Friedensbedingungen, das Unterschreiben oder Nichtunterschreiben des Vertrags, die tiefe Zerrissenheit der Gesellschaft. Die Lager allerdings, die sich in dieser Frage gegenüberstanden, in der Nationalversammlung wie in der Öffentlichkeit, waren nicht im Dissens über die Friedensfrage entstanden. In ihnen verlängerten sich die politischen Konfliktlinien des späten Kaiserreichs, der Kriegsjahre und der Revolutionsmonate in die Republik hinein.

Versailles verschaffte den nationalistischen und antidemokratischen Kräften des späten Kaiserreichs eine Möglichkeit, ihren Nationalismus an ein konsensfähiges Thema zu binden. Für sie eröffnete sich die Chance, den antidemokratischen Nationalismus, der sich in der rechtsradikalen Vaterlandspartei gesammelt hatte, nach den Erschütterungen des Kriegsendes, der Revolution und der Republikgründung wieder zu stabilisieren und ihm eine unverdächtige Stoßrichtung zu geben. Mit dem Kampf gegen Versailles konnte man das eigentliche Ziel, die Überwindung der Demokratie, gut tarnen.

Vor diesem Hintergrund gewann auch die Kriegsschuldfrage, das zentrale Element des Anti-Versailles-Konsenses, eine Bedeutung, die weit über den im berühmten Artikel 231 artikulierten Zusammenhang von deutscher Kriegsschuld und Reparationsverpflichtung hinausging. Für die politische Rechte war die Zurückweisung des Kriegsschuldvorwurfs – den die Alliierten umso schärfer erhoben, je stärker die Deutschen jede Schuld von sich wiesen – ein Mittel, die politische und militärische Führung des Kaiserreichs zu entlasten, ja zu rehabilitieren. Dadurch wurde von Anfang an die alte autoritäre Ordnung gegen die Republik in Stellung gebracht.

Nur wenige erkannten, welches antirepublikanische Potenzial der von rechts angetriebenen »Schuldfragenbewegung« innewohnte, wie sie der Sozialdemokrat Carlo Mierendorff nannte. 1924 schrieb Eduard Bernstein, sozialistisches Urgestein, an Karl Kautsky, der 1918/19 für den Rat der Volksbeauftragten Untersuchungen zum Kriegsbeginn angestellt hatte: »Von der These aus, dass das kaiserliche System

EINE FRAGE DER EHRE
Anti-Versailles-Kundgebung im Berliner Lustgarten am 28. Juni 1933

nicht allein schuld am Kriege sei, [...] ist es leicht, den Massen plausibel zu machen, dass das Kaisertum zu Unrecht gestürzt worden sei und die ›Judenrepublik‹ und ihre Erfüllungspolitik an allem Übel schuld seien, unter dem Deutschland leide.«

Genau darum ging es. Genau dafür wurden Versailles und die Kriegsschuldfrage instrumentalisiert. Versailles war nicht die Ursache für den rechten Hass auf die Republik und ihre demokratischen Repräsentanten (der von Anfang an antisemitisch aufgeladen war), aber dieser Hass fand im Friedensschluss neue Nahrung und in den Augen seiner Träger neue Bestätigung. Schon in den Zwanzigerjahren erkannte Adolf Hitler in jedem Versuch der Weimarer Regierungen, aus der Konfrontation mit den Kriegsgegnern heraus zu Versöhnung und Verständigung zu gelangen, nichts anderes als die Auslieferung des Deutschen Reiches an die »internationalen Volksausbeuter zu Versailles«. In Deutschland, so schrieb Hitler im zweiten Band von *Mein Kampf*, wechselten »Entwaff-

nungs- und Versklavungsedikte, politische Wehrlosmachung und wirtschaftliche Ausplünderung einander ab, um endlich moralisch jenen Geist zu erzeugen, der im Dawesplan ein Glück und im Vertrag von Locarno einen Erfolg zu sehen vermag«.

Das war die Haltung, aus der sich 1929 die Kampagne gegen den Young-Plan speiste. Obwohl der Young-Plan einen großen Fortschritt in der Reparationsfrage darstellte, wurde er von der Rechten unter Führung der aufstrebenden Nationalsozialisten radikal bekämpft. Für die NSDAP offenbarte der Plan, der Zahlungsverpflichtungen bis 1988 vorsah, die dauerhafte Fesselung Deutschlands durch den Versailler Vertrag.

Zwar scheiterte das Volksbegehren »gegen die Versklavung des deutschen Volkes«, aber die Kampagne demonstrierte doch die hohe Mobilisierungskraft des Anti-Versailles-Affektes in der deutschen Gesellschaft. Einmal mehr setzte die völkische Rechte auf ihn, um einen Frontalangriff gegen die republik- und demokratiebejahenden Kräfte zu starten.

Der Aufstieg der Nationalsozialisten und vor allem ihr starkes Ergebnis bei der Reichstagswahl 1930, als die NSDAP 18,3 Prozent der Stimmen erreichte und zweitgrößte Fraktion im Reichstag wurde, sind ohne den Mobilisierungseffekt der Anti-Young-Plan-Kampagne nicht zu verstehen. Darauf reduzieren jedoch lässt sich der Wahlerfolg keineswegs – vor allem die desaströsen Folgen der Weltwirtschaftskrise haben den Nationalsozialisten zum Durchbruch verholfen. Doch selbst ein kluger Beobachter wie der liberale Historiker Friedrich Meinecke urteilte verkürzend, wenn er 1930 mit Blick auf die Kampagne gegen den Young-Plan davon sprach, dass der Versailler Frieden »die letzte und stärkste Ursache des Nationalsozialismus« sei.

Wer den Erfolg der NSDAP allein durch den Versailler Vertrag und seine Folgen erklärt, verschreibt sich in der Regel geschichtspolitischen Zielen und möchte Deutschland von historischer Verantwortung freisprechen. Bisweilen arbeitet sich eine solche Apologetik schon an der Frage ab, wer den Ersten Weltkrieg begonnen habe und was dies für den Friedensschluss bedeute. Bereits 1922 machte der nationalistische Publizist Max Hildebert Boehm aus der in Versailles aufgeworfenen »Kriegsschuldfrage« die »Friedensschuldfrage«; der Vorwurf zielte gleichermaßen auf die deutschen Demokraten wie die alliierten Mächte. Wenn das Kaiserreich nicht die alleinige Schuld am Ersten Weltkrieg trage oder auch nur eine herausgehobene Verantwortung habe, war dann der Frieden von Versailles nicht ein falscher Frieden? Solche Stimmen waren auch 2014 rasch zu vernehmen, als Deutschland kontrovers über Christopher Clarks Buch *Die Schlafwandler* diskutierte. Sie beriefen sich nicht zuletzt auf den britischen Premier David Lloyd George, der in seinen Kriegserinnerungen 1933 erklärt hatte, Europa sei 1914 in den Krieg »hineingeschlittert«.

Tragen dann am Ende die Sieger des Weltkriegs, die Deutschland den Friedensvertrag aufzwangen, Verantwortung für die Dauerkrise der Weimarer Republik, ja sogar für den Aufstieg und die Machtübernahme der Nationalsozialisten? Wer heute für ein neues deutsches Selbstbewusstsein wirbt, der macht nicht selten ein Bestreben anderer Mächte aus, Deutschland durch das gesamte 20. Jahrhundert hindurch in einer Position der Inferiorität zu halten. Das Kaiserreich werde, so konnte man nicht 1920, sondern in der Debatte von 2014 lesen, in ein schlechtes Licht gerückt, als autoritär und aggressiv charakterisiert, ihm werde noch 100 Jahre später die Kriegsschuld zugeschoben, um Deutschland davon abzuhalten, mit einer selbstbewussten Außenpolitik seine legitimen Interessen in der Welt zu vertreten.

In dieser Perspektive gewinnen der Versailler Vertrag und die Versailler Ordnung bis heute enorme geschichtspolitische Bedeutung. Umso wichtiger ist es, einen nüchternen Blick auf den Friedensschluss zu richten und die Mythen zu dekonstruieren, die sich seit 1919 um ihn ranken. Nur so werden die Potenziale erkennbar, die sich aus dem Friedensvertrag ergaben oder hätten ergeben können.

Warum den Versuchen, die Versailler Ordnung konstruktiv auszugestalten, kein Erfolg beschieden war, ist eine andere Frage. Sie zu beantworten führt zu jenen Kräften, die der französische Staatspräsident Emmanuel Macron am 100. Jahrestag des Kriegsendes als jene »alten Dämonen« bezeichnete, die Europa in der ersten Hälfte des 20. Jahrhunderts in den Abgrund stürzten: Nationalismus, Unilateralismus, Autoritarismus.

Wer in der Gegenwart das zerstörerische Potenzial dieser Kräfte erkennen will, der ist gut beraten, sich mit dem Europa der Zwischenkriegszeit zu beschäftigen, das nicht der Versailler Vertrag ins Chaos und in einen weiteren Krieg stürzte, sondern ein radikaler Nationalismus, der die Demokratien schwächte und der, wie es Max Weber 1919 formulierte, den Frieden diskreditierte, nicht den Krieg. ■

ECKART CONZE *ist Professor für Neuere Geschichte an der Universität Marburg*

WEITERLESEN
Eckart Conze: »Die große Illusion. Versailles 1919 und die Neuordnung der Welt« Siedler Verlag, München 2018

Aus Hass wird Mord

In den Verliererstaaten folgt der rechten Hetze gegen »Erfüllungspolitiker« eine Welle tödlicher Gewalt

VON LOUISA REICHSTETTER

Spätsommer 1921, Berlin. Kurt Tucholsky sitzt am Schreibtisch und dichtet einen Nachruf: »Gehaßt, weil du Konkursverwalter / der Pleitefirma Deutsches Reich, / liegst du zerschossen als ein kalter / und toter Mann – und Deutschland ist das gleich.«

Das Gedicht erscheint in der *Weltbühne* und bringt Leben und Tod des Zentrumspolitikers Matthias Erzberger auf den Punkt: »Gehaßt, weil du Zivilcourage / den Herren vom Monokel zeigst – / weil du schon Siebzehn die Blamage / der Ludendörffer nicht verschweigst ...«

Der Urlaub Erzbergers ist lang geplant. Der Mord an ihm auch. Im August 1921 reist Erzberger nach Bad Griesbach im Schwarzwald, um sich zu erholen: Hinter ihm liegen aufwühlende Jahre. Er hat sich zu einem profilierten Kritiker der Politik des Kaiserreichs entwickelt, tritt schon vor Kriegsende für die Selbstbestimmung osteuropäischer Staaten ein und unterzeichnet am 11. November 1918 für Deutschland den Waffenstillstand von Compiègne, als die Kriegsverantwortlichen selbst sich davonschleichen. Dem Versailler Vertrag steht er zwar kritisch gegenüber, weil ihm klar ist, welche Bürde er für die junge Weimarer Republik bedeutet. Als Friedenspolitiker aber will er ihn annehmen. Und als Finanzminister will er Erbschaften – und damit vor allem die alten Eliten – besteuern. Erzberger macht sich unzählige Feinde. In keiner der zahlreichen rechten Hetzkarikaturen, auf denen deutschen Soldaten ein Dolch in den Rücken gerammt wird, fehlt seine runde Gestalt: »Deutsche, denkt daran!«

Heinrich Tillessen und Heinrich Schulz verstehen das als Auftrag. Am 18. August 1921 machen sie Erzberger in seinem Urlaubsort ausfindig. Die beiden Ex-Offiziere der Marine sind, wie rund 5000 andere deutsche Männer auch, Mitglied der rechtsradikalen, terroristischen Organisation Consul (O.C.). Der paramilitärische Geheimbund wird von der Regierung geduldet und auch vom Münchner Polizeipräsidenten Ernst Pöhner gedeckt. München ist der Hauptsitz der O.C.

Erzberger weiß, dass er auf Todeslisten steht: Erst im Februar 1921 hat er ein Attentat überlebt. Obwohl er im Sommer 1921 gar kein politisches Amt mehr innehat, lauern ihm während eines Spaziergangs in Bad Griesbach die beiden Rechtsterroristen auf und feuern so lange auf ihn, bis sie sich seines Todes sicher sind.

»Und wie dein Blut die Steine netzte / da atmet auf das Militär«, schreibt Tucholsky in der letzten Strophe bitter, prophezeit weitere Morde und macht den rechtsnationalen Politiker Karl Helfferich als geistigen Brandstifter hinter den Taten aus: »Es kondoliert, wer grad noch hetzte ... / Du warst der Erste nicht – bist nicht der Letzte. / Prost Helfferich! / Der kommt nicht mehr.«

Ebenso wie Erzberger weiß auch Walther Rathenau, dass er auf Todeslisten steht. Häufig genug erhält er Drohbriefe. Obwohl der Politiker der Deutschen Demokratischen Partei den Friedensbedingungen und Reparationen weit kritischer gegenübersteht als Erzberger und für sein hartes Verhandeln als Außenminister von Februar 1922 an konservativen Applaus erhält, wird er von den Ultrarechten doppelt geächtet: Rathenau ist nicht nur Demokrat, er stammt aus einer einflussreichen jüdischen Industriellenfamilie. Doch permanenten Personenschutz will er nicht, Leibwächter lehnt er ab. Und so sitzt niemand mit einer Waffe in seinem Cabriolet, als am Morgen des 24. Juni 1922 im Berliner Stadtteil Grunewald plötzlich ein Auto den Ministerwagen verfolgt. Zwei Studenten schießen daraus auf Rathenau. Zur Sicherheit werfen sie noch eine gezündete Handgranate hinterher.

»Wie lange siehst du Helfferich noch zu?«, fragt Tucholsky fünf Tage nach dem Mord in einem weiteren Gedicht in der *Weltbühne.* Er richtet die Verse an die gesamte Republik. »Wie lange siehst du Helfferich noch zu? / Derselbe, der aus Moskau, als man putschte, / mit vollen Hosen in die Heimat rutschte, / hat jetzt den zweiten Menschen ungerochen / ins Grab gehetzt, geflucht, gesprochen.«

Karl Helfferich, den Tucholsky für beide Morde verantwortlich macht, ist

IM GESPRÄCH
Matthias Erzberger
(links) und Karl
Helfferich im Jahr
1917, bevor aus
politischer
Gegnerschaft
offener Hass wird

Bankier, Antisemit und führender Politiker der Deutschnationalen Volkspartei. In seinen Parlamentsreden, regelrechten Hetztiraden, prägt er vergiftende Begriffe wie »Erfüllungspolitiker« und »Novemberverbrecher«. Zwar ist ihm keine direkte Unterstützung der O.C. nachzuweisen, doch seine persönlichen Kontakte zu den Mördern von Rosa Luxemburg und Karl Liebknecht, seine Spenden an rechtsradikale Organisationen sind ebenso verbürgt wie seine Flugschrift *Fort mit Erzberger!*, den er mit öffentlichen Korruptionsvorwürfen zum Rücktritt treibt.

Einen Tag vor der Ermordung Rathenaus, am 23. Juni 1922, hält Helfferich eine seiner hasserfüllten, antisemitischen Reden gegen den Außenminister im Reichstag. In den Tagen nach dem Mord verzeichnet das Protokoll deshalb Tumulte auf den Rängen, SPD-Abgeordnete beschimpfen ihn als Mörder und prügeln Deutschnationale aus dem Saal.

Die Morde an Erzberger und Rathenau sind nur zwei von vielen politisch motivierten Anschlägen von rechts. Wie viele Opfer es genau sind? Niemand wüsste das besser als der Statistiker Emil Julius Gumbel. Er hält der Weimarer Justiz 1922 in seinem Buch *Vier Jahre politischer Mord* einen Spiegel vor. Justitia, die Göttin der Gerechtigkeit, wird normalerweise als Frau mit Waage und Augenbinde dargestellt. In Weimar aber ist sie nur auf dem rechten Auge blind. Die nationalkonservative Justiz sühnt den Terror nicht. Gumbel wälzt akribisch Gerichts- und Polizeiakten und kommt für die Jahre von 1918 bis 1922 auf 354 politisch motivierte Morde von rechts und 22 von links. Die Taten von links werden meist hart bestraft, die von rechts bleiben in 326 Fällen ohne Folgen, oft wird nicht einmal ein Verfahren eröffnet. Und wenn, dann lautet das Urteil durchschnittlich auf vier Monate Haft und zwei Reichsmark Geldstrafe.

Tucholsky webt Titel und Thema des Buches subtil in sein Rathenau-Gedicht ein, in dem er die Republik zum Handeln aufruft: »Vier Jahre Mord – das sind, weiß Gott, genug. / Du stehst vor deinem letzten Atemzug. / Zeig, was du bist. Halt mit dir selbst Gericht. / Stirb oder kämpfe! / Drittes gibt es nicht.«

Die beiden Mörder Rathenaus gehorchen der Stirb-oder-kämpf-Rhetorik jener Zeit: Einer wird Wochen nach dem Anschlag beim Versuch der Festnahme durch die Polizei erschossen, der andere richtet sich selbst. Die Hintermänner kommen ungeschoren davon und liefern Futter für Gumbels Statistik. Und die Mörder Erzbergers? Die sind 1922 über alle Berge – buchstäblich. Mit tatkräftiger Unterstützung internationaler rechter Netzwerke sind sie erst nach Österreich, dann nach Ungarn geflohen.

Dort regiert Miklós Horthy. Dessen autoritäres Regime hatte der Münchner O.C.-Zentrale vor dem Anschlag zugesichert, dass man die Attentäter nicht ausliefern würde. Die Mörder finden in Budapest Arbeit als Gärtner.

Der Blick nach Ostmitteleuropa zeigt noch etwas: Der mörderische Revisionismus gegen die Pariser Vorortverträge ist kein rein deutsches Phänomen. Ungarn hat im Zuge der Neuordnung mehr als 60 Prozent seiner Bevölkerung verloren, auch Bulgarien muss massive Gebietsverluste hinnehmen. Terrororganisationen wie Ébredő Magyarok Egyesülete – »Erwachende Ungarn« – geht Horthys revisionistischer Nationalismus nicht weit genug. Die Wut eskaliert in antisemitischen Gewaltakten. Bei Anschlägen auf jüdische Einrichtungen in Budapest werden im April 1922 und im Dezember 1923 zwölf Menschen getötet, mehr als 60 verletzt.

In Bulgarien wird das reformorientierte Staatsoberhaupt gelyncht: Im Juni 1923 zetteln Gegner der neuen Ordnung einen Putsch an, Mitglieder einer Untergrundorganisation kidnappen Präsident Aleksandar Stambolijski und erschießen ihn. Dann schänden sie seine Leiche: Sie schicken den Kopf in einer Keksdose nach Sofia. Und sie trennen die Hand ab – jene Hand, mit der Stambolijski 1919 die Friedensverträge unterzeichnet hatte. ■

LOUISA REICHSTETTER *ist Historikerin und freie Journalistin. Sie lebt in Jena*

Verlorener Sieg

Frust, Abkehr, schlechtes Gewissen: Warum der Friedensschluss
von 1919 auch bei den Alliierten in Ungnade fällt

Alles umsonst

Italien fühlt sich von
den Westmächten
verraten – ein ideales
Klima für die Faschisten
unter Mussolini

VON ULRICH LADURNER

ITALIEN Als der Erste Weltkrieg begann, war das Königreich formal mit dem Deutschen Reich und Österreich-Ungarn verbündet, aber es blieb neutral. Am 26. April 1915 schloss Italien dann in London einen Geheimpakt mit der Entente. Für den Fall des Kriegseintritts wurden dem Land beträchtliche Gebietsgewinne auf Kosten des Habsburgerreichs versprochen. Am 23. Mai 1915 überschritt die italienische Armee die Grenze zu Österreich-Ungarn und griff den Nachbarn an. Österreichs Armeen waren geschwächt und überdehnt, Italien hoffte auf einen schnellen Sieg. Es kam anders: Italiens Verbände rieben sich zwischen 1915 und 1917 in zwölf Schlachten um die Täler des Flusses Isonzo auf. Der Blutzoll war immens. Mehr als 650.000 italienische Soldaten starben.

Nach dem Krieg drängte Italien auf eine Belohnung für dieses entsetzliche Opfer. In Versailles bekam man – wie 1915 in London verabredet – Tirol bis zum Brenner, das Trentino, Friaul-Julisch Venetien, Triest und Teile Dalmatiens zugesprochen – nicht aber die dalmatinische Stadt Fiume, das heutige Rijeka. Sie blieb Teil des neu gegründeten (und später so genannten) Königreichs Jugoslawien.

Der populäre nationalistische Dichter und Pilot Gabriele D'Annunzio nahm dies zum Anlass, vom *vittoria mutilata* zu sprechen, was man wörtlich mit »amputierter Sieg« übersetzen kann. Dieses Schlagwort wurde zum italienischen Äquivalent der Dolchstoßlegende. D'Annunzio verlieh dem Begriff noch mehr Schlagkraft, indem er 1919 mit einer Truppe von Freiwilligen und aufständischen Soldaten Fiume besetzte. Erst 1921 erzwang die italienische Regierung die Räumung der Stadt. Doch die Legende vom *vittoria mutilata* war längst zu einem Kampfbegriff geworden, hinter dem sich die revanchistische Rechte versammeln konnte.

Italien beendete den Krieg zwar als Siegermacht, aber Wirtschaft wie Gesellschaft waren 1918 erschöpft und am Rande des Zusammenbruchs. In den Industriezentren des Nordens, vor allem in Mailand, Turin und Genua, kam es zu Massenstreiks und Fabrikbesetzungen. Auch außerhalb der großen Städte entbrannten heftige soziale Konflikte. Bauern besetzten das Land der Großgrundbesitzer. Die Jahre 1919 und 1920 gingen deshalb als *Biennio rosso* – »die zwei roten Jahre« – in die Geschichte ein. Italien schien kurz vor einer kommunistischen Revolution zu stehen.

Die Angst davor trieb das moderate Bürgertum in die Arme der Faschisten, die 1919 als Partei zusammenfanden. Sie machten mit ihren Schlägertrupps Jagd auf Gewerkschafter und linke Politiker und lieferten sich blutige Kämpfe mit Arbeitern und Bauern, die Fabriken und Land besetzt hatten. Das sicherte den Faschisten die Sympathie der Großgrundbesitzer und Industriebarone sowie deren finanzielle Unterstützung.

Der Führer der italienischen Faschisten war schon damals Benito Mussolini. Er hatte als Soldat an der Isonzofront gekämpft und war schwer verwundet worden. Mussolini war es, der die Legende vom *vittoria mutilata* besonders wirksam für sich zu nutzen wusste. Sie verhalf ihm am 28. Oktober 1922 an die Macht. ■

ULRICH LADURNER *ist
Europa-Korrespondent der ZEIT
in Brüssel*

ENGLAND Der Erste Weltkrieg brach mit einer Faustregel, die über Jahrhunderte galt: Wenn in Europa Krieg herrscht, kämpfen deutsche und englische (später britische) Truppen auf derselben Seite. Seit dem Mittelalter war das so, mit wenigen und eher kurzen Ausnahmen. Bis 1914 waren Deutsche und Engländer meist selbstverständliche Waffenbrüder. Das war auch ein Grund dafür, dass sich die britische Einstellung zu Deutschland schon bald nach Kriegsende 1918 grundlegend änderte. »Nur ein Mann mit bedauernswert eingeschränktem Geist reduziert Deutschland auf die Rolle des Aggressors und übersieht Bach und Dürer, Cranach und Holbein und all die anderen himmlischen Errungenschaften der deutschen Kultur«, schrieb der Ökonom John Maynard Keynes im Frühjahr 1919 in einem Memo für das Finanzministerium. Bei den Friedensverhandlungen hielt sich Keynes mit seiner Schwärmerei zurück. Aber die historische Erfahrung einer nahezu instinktiven Allianz zwischen England und dem Kernland des Heiligen Römischen Reiches war der Ausgangspunkt für die äußerst rationale Verhandlungsposition, die Premier David Lloyd George auf Kollisionskurs mit Frankreichs Ministerpräsident Georges Clemenceau brachte.

Grundsätzlich herrschte in London die Überzeugung, dass Europas Sicherheit langfristig nur durch Deutschlands Wiederaufbau zu gewährleisten sei. Lloyd George hielt die Besetzung des Rheinlandes im Dezember 1918 für eine kurzfristige Maßnahme zur Sicherung des Waffenstillstandes – und nicht etwa, wie die Franzosen, für einen Akt, der Deutschlands Position bei den Friedensverhandlungen schwächen sollte. Aus britischer Sicht erschien der Versailler Vertrag als Katalog der nationalen Demütigung, gegen die Deutschland sich früher oder später auflehnen würde.

John Maynard Keynes empfand ihn zudem als persönliche Niederlage. Noch vor der Unterzeichnung kehrte er nach England zurück, verbarrikadierte sich im King's College in Cambridge und verfasste eines seiner bekanntesten Bücher, *Die wirtschaftlichen Folgen des Friedensvertrages*. Durch die Anerkennung von Deutschlands Kriegsschuld habe Großbritannien sich »die Schuld des Friedens« aufgebürdet, schrieb er. Auch Winston Churchill, damals Kriegsminister, forderte im August 1920 in einem Memo »eine umfassende Revision des Vertrags von Versailles« und dass »Deutschland für die Führung Europas in Zukunft als gleichberechtigter Partner akzeptiert wird«.

Im Laufe der Zwanzigerjahre wurde diese Haltung unter den Briten allgemeine Gewissheit. In Deutschland verursachten jedoch Wirtschaftskrisen und die Hyperinflation von 1923 derartige Not, dass politische Attacken gegen die junge Demokratie an Zahl und Heftigkeit zunahmen. Vom Aggressor des Krieges wurden die Deutschen zum Opfer des Friedens – so lautete jedenfalls ein Vorurteil, das die britische Politik blendete. Hitlers aggressive Revision des Vertrags beobachteten die Briten darum lange Zeit als wohlwollende Zaungäste. ∎

JOHN F. JUNGCLAUSSEN *ist Korrespondent der ZEIT in London*

»THE FINISHING TOUCH«
Die starke Hand der Alliierten drückt den Deutschen hinab ins kalte Wasser: Karikatur des Engländers Leonard Raven-Hill für die Zeitschrift »Punch«, Juni 1919

Schuld des Friedens

Schon kurz nach der Unterschrift glauben viele Briten, der Vertrag sei zu hart für Deutschland

VON JOHN F. JUNGCLAUSSEN

USA Das Ende des Ersten Weltkriegs markiert den Beginn des *American Century,* des Amerikanischen Jahrhunderts. Vom Krieg nicht im eigenen Land betroffen, wurden die USA die stärkste Wirtschaftsmacht der Welt – und sind es bis heute. Doch die künftige Supermacht tat sich zunächst schwer mit der neuen Rolle: Den Vertrag von Versailles unterzeichnete sie nicht, dem Völkerbund blieb sie fern. Als Präsident Wilson im Juli 1919 das Ergebnis der Friedenskonferenz dem Senat vorstellte, stieß er auf heftigen Widerstand. Unter seinen Demokraten wie den Republikanern hatte sich eine Gruppe gebildet, die den Vertrag kategorisch ablehnte. Den Völkerbund betrachteten diese Senatoren als Angriff auf die Souveränität: Sie fürchteten, durch die Mitgliedschaft könnten die USA in einen Krieg verwickelt werden, ohne dass der Kongress darüber befunden hätte. Eine zweite Gruppe, angeführt von Wilsons politischem Gegner und Konkurrenten, dem Republikaner Henry Cabot Lodge, wollte den Vertrag nur ratifizieren, wenn er umgeschrieben würde: Lodge forderte vor allem ein Vetorecht der Vereinigten Staaten.

Wilson versuchte, mit zahlreichen öffentlichen Auftritten bei der Bevölkerung um den notwendigen Rückhalt für »seinen« Friedensvertrag zu werben. Zunächst, so schien es, mit Erfolg: In 32 der 50 Bundesstaaten verabschiedeten die Volksvertreter Resolutionen, die sich für die Unterzeichnung aussprachen. Scharfe Kritik kam allerdings von Vertretern der Minderheiten: Die Deutschamerikaner klagten über die harschen Bedingungen, die ihrem einstigen Vaterland auferlegt wurden. Italoamerikaner verlangten, dass Italien mehr Territorien zugesprochen werden sollten. Irischstämmige hofften auf mehr Unterstützung für ein unabhängiges Irland. Zudem hielten viele Amerikaner nichts von der Bindung ihrer Nation an eine internationale Einrichtung wie den Völkerbund. Die Werbetour für den Friedensvertrag überstieg schließlich Wilsons Kräfte. Im September 1919 erlitt er gleich eine Reihe von Schlaganfällen und brach seine Rundreise ab.

Durch die Krankheit war er schwer eingeschränkt und verließ das Weiße Haus nur noch selten. Er beharrte auf seiner Überzeugung: Der Vertrag war gut, und die USA sollten ihn unterschreiben. Ohne Änderungen und Nachverhandlungen. Doch es gelang ihm nicht mehr, eine Mehrheit dafür zu organisieren. Am 19. März 1920 lehnte der Senat den Vertrag endgültig ab, am Ende fehlten sieben Stimmen.

Auch wenn die USA den Friedensschluss nicht ratifizierten, blieben Wilsons Ideen am Leben. Dafür sorgte ein junger, ehrgeiziger Politiker, der 1919 Staatssekretär im Marine-Ministerium war: Franklin D. Roosevelt. Er wurde knapp drei Jahrzehnte später US-Präsident, unter ihm stiegen die USA im Zweiten Weltkrieg zur globalen Ordnungsmacht auf. Nach dem Krieg gründeten die Siegermächte die Vereinten Nationen – womit Wilsons Idee einen späten Triumph feierte. Doch auch das Vermächtnis seines Widersachers Cabot Lodge hat überlebt: Die USA haben seitdem im Sicherheitsrat ein Vetorecht. ■

HEIKE BUCHTER *ist Korrespondentin der ZEIT in New York*

USA? Out!

Der Senat lehnt den Friedensvertrag ab, weil viele Amerikaner im Völkerbund eine Gefahr für ihr Land sehen

VON HEIKE BUCHTER

»SIGNED«
Vom Tod gezeichnet: Karikatur des kanadisch-amerikanischen Illustrators Boardman Robinson gegen Versailles und den Völkerbund, Sommer 1919

»LA DIPLOMATIE«
Dem Karikaturisten
Chéri Hérouard kommt
es vor, als spielten
die Politiker mit dem
Globus wie eine Tänzerin.
Aus »La Vie Parisienne«,
April 1919

Le grand Georges

Tiefer Respekt vor Clemenceau verhindert in Frankreich einen allzu kritischen Blick auf Versailles

VON GEORG BLUME

FRANKREICH Bis heute wird der Versailler Vertrag mit einem Mann identifiziert, der weit über das damalige Friedenswerk hinaus die Französische Republik schlechthin inkarniert: Georges Clemenceau.

Der Mann war so gut, dass der Vertrag, den er maßgeblich mitbestimmte, nicht so schlecht sein konnte, dachten und denken noch heute viele Franzosen. Clemenceau war schon Held der Dreyfus-Affäre von 1894, in der er den zu Unrecht beschuldigten Offizier Alfred Dreyfus so lange und überzeugend verteidigte, bis ein Umschwung der öffentlichen Meinung erreicht war.

Clemenceau trat 1917 an die Spitze der Regierung, als die eigenen Soldaten in den Kriegsgräben zu meutern begannen. Er hielt Land und Armee zusammen und trug von November 1918 an den inoffiziellen Titel »Vater des Sieges«. Anschließend war er Gastgeber der Friedenskonfe-

renz. Jedes französische Schulkind lernt bis heute, wie die »Großen Vier« – Wilson, Lloyd George, Orlando und Clemenceau – von Januar bis Juni 1919 in Paris eine neue Weltordnung aushandelten. Wo anders, wenn nicht in Paris?

Clemenceau wollte Sicherheitsgarantien gegenüber den Deutschen. Auch deshalb sah man später in Frankreich im Vertrag selten die entscheidende Ursache des Zweiten Weltkriegs. Clemenceau hatte schon damals das richtige Gespür, so lautete vielmehr die französische Lesart. Darauf wollte auch sein berühmtester Nachfolger im 20. Jahrhundert hinaus, General Charles de Gaulle, als er rückblickend vom »Dreißigjährigen Krieg zwischen Frankreich und Deutschland von 1914 bis 1944« sprach. Laut de Gaulle war sich allein Clemenceau schon 1918/19 der wirklichen Dimension dieses deutsch-französischen Krieges bewusst, doch habe die Welt damals nicht auf ihn gehört.

Seine Zustimmung zum Frieden gab Clemenceau erst, nachdem er eine scheinbar feste Sicherheitsgarantie der USA und Großbritanniens für Frankreich ausgehandelt hatte – die der amerikanische Kongress 1920

widerrief. Der französische Marschall Ferdinand Foch fand, Clemenceau sei darum vom Vater des Sieges zu seinem Verlierer geworden. Trotzdem blieb Clemenceau aus der Sicht vieler Franzosen Vordenker des westlichen Bündnisses nach dem Zweiten Weltkrieg, nicht zuletzt der Nato.

Kurz: Wegen Clemenceaus in Frankreich von links bis rechts gepriesener Vernunft eignete sich der Versailler Friedensvertrag für französische Geschichtsschreiber schlecht als Teufelswerk. Wie konnte man Deutschland zu sehr bestraft haben, wenn es für Clemenceau nicht einmal Strafe genug gewesen war?

Dabei begründete der Vertrag in Frankreich eine pazifistische Tradition, die zunehmend an Einfluss gewann – bis das schnell gescheiterte Münchner Abkommen von 1938 zwischen den Westmächten und Hitler-Deutschland den allermeisten Franzosen ihre letzten Illusionen raubte. Seither gilt in Frankreich »München« und nicht »Versailles« als der große Irrtum. 1938 hatte Frankreich aber auch keinen Staatsmann mehr, an den man sich erinnern will. ■

GEORG BLUME *ist Korrespondent der ZEIT in Paris*

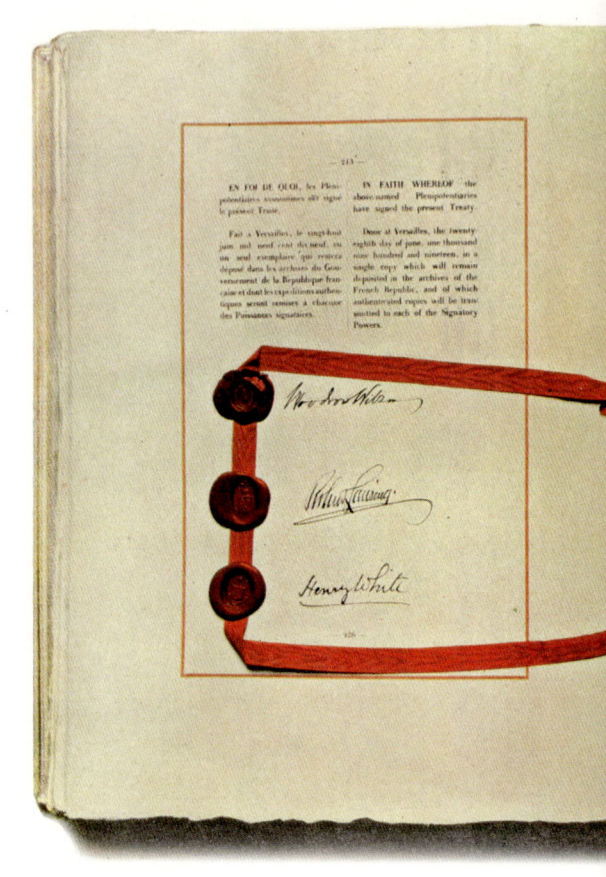

Spurlos verschwunden

Im Zweiten Weltkrieg fällt den Deutschen
das einzige Original des
Versailler Vertrags in die Hände.
Seitdem ist die Urkunde verschollen

VON MERIT PETERSEN

Was für ein grandioser Coup. Entspannt lässt Eberhard Freiherr von Künsberg sich in den Sitz des Flugzeugs gleiten, das ihn auf direktem Weg nach Berlin bringen soll. Nur seine Hand umfasst noch immer den Griff des Aktenkoffers. Den Inhalt wird er Adolf Hitler persönlich übergeben. Was für eine Ehre, was für ein Erfolg!

Er, der Diplomat Künsberg, Legationssekretär im Auswärtigen Amt und SS-Sturmbannführer, ist in Frankreich all seinen Widersachern zuvorgekommen. Dem mächtigen Reichsleiter Alfred Rosenberg und seinem Einsatzstab, der ebenfalls auf der Suche nach Trophäen war. Martin Luther, dem Abteilungsleiter des Auswärtigen Amtes, der die brisante Fracht selbst nach Berlin bringen wollte. Und nicht zu vergessen Comte de Robien, dem Personalchef des französischen Außenministeriums am Quai d'Orsay und Hüter der französischen Archive. Nur dessen Nachlässigkeit ist es zu verdanken, dass Künsberg nun vor dem Höhepunkt seiner Karriere steht. Vor dem Moment, in dem er seinem »Führer« das bekannteste, umstrittenste und am meisten verhasste

Schriftstück des Jahrhunderts präsentiert: den Versailler Vertrag.

Als Eberhard von Künsberg im Sommer 1940 die Maschine von Frankreich nach Berlin besteigt, hat er nicht irgendein Exemplar des als so schmachvoll empfundenen Friedensvertrags im Gepäck, sondern das einzige überhaupt existierende Original. So war es 1919 in der Schlussformel des Vertrags verfügt und von den bevollmächtigten Vertretern unterschrieben worden: »Geschehen in Versailles [...] in einem einzigen Exemplar, das im Archiv der Regierung des französischen Freistaats niedergelegt bleibt und wovon Ausfertigungen jeder der Signatar-Mächte übermittelt werden sollen.«

Schon während des Frankreich-Feldzugs im Mai 1940 beginnt der »Anschlag auf den französischen Kulturbesitz«, wie der Historiker Eberhard Jäckel schreibt, der Raub französischer Kunst- und Kulturgüter. Daran beteiligt sind verschiedene Institutionen von der SS bis zum Einsatzstab Rosenbergs. Das »Sonderkommando Künsberg« untersteht dem Reichsaußenministerium und ist in Frankreich für den Raub von Archivgut zuständig – es soll das

kulturelle Gedächtnis des Gegners plündern. Schon im Herbst 1939 in Warschau und im April 1940 in Oslo hat Künsberg diplomatische Akten erbeutet. Mit Beginn des Westfeldzugs befehligt er eine 90 Mann starke Truppe. Symbolträchtig zieht sein Kommando an der Spitze der deutschen Einheiten am frühen Morgen des 14. Juni 1940 in Paris ein und besetzt um sieben Uhr das Außenministerium.

Doch die Archive sind wie leer gefegt. Die Franzosen haben vorgesorgt. Schon 1938 waren die historischen Bestände der Jahre bis 1896 in mehrere Keller der Banque de France verlagert worden. Als dann im Mai 1940 die Wehrmacht auf Paris vorrückte, evakuierte man die übrigen Archive mitsamt ihren Mitarbeitern und verteilte sie auf mehrere Schlösser in der Touraine.

Künsberg aber gibt nicht auf. Eigentlich ist sein Kommando vom schnellen Erfolg verwöhnt. Mal untersteht es der SS, mal der Geheimen Feldpolizei, nun dem Auswärtigen Amt – das Hin und Her der Zuständigkeiten lässt ihm häufig freie Hand. Künsberg ordnet an, den Quai d'Orsay sowie die gesamte Umgebung

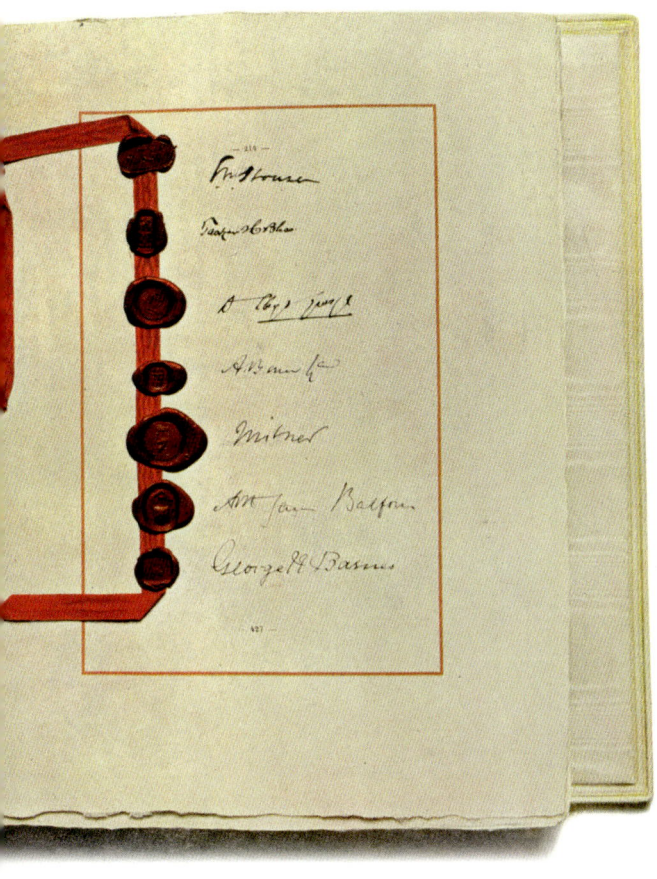

BESIEGELT
Die letzten Zeilen
des Versailler
Vertrags, dazu
die Unter-
schriften der
amerikanischen
und britischen
Bevollmächtigten
(die Vertreter
der anderen
Nationen folgen
auf den nächsten
Seiten). Es soll
sich um ein
frühes Foto des
Originals handeln

nach Hinweisen zu durchsuchen. Die Männer drehen buchstäblich jeden Stein um. In einer Pförtnerloge werden sie fündig: eine Karte der Umgebung von Tours. Eingezeichnet sind die Ausweichstandorte sämtlicher Ministerien.

Nachdem die Wehrmacht Tours Ende Juni 1940 besetzt hat, macht sich das Sonderkommando erneut auf die Suche. Diesmal mit Erfolg: Im Schloss Rochecotte entdecken die Männer die begehrten Aktenbestände des Außenministeriums. Sie stoßen auf eine umfangreiche Sammlung von Verträgen, die Frankreich mit anderen Staaten geschlossen hat. Doch es ist purer Zufall, dass ihnen dabei auch der Versailler Vertrag in die Hände fällt.

Als die französische Regierung am 14. Juni ein zweites Mal vor der Wehrmacht flüchten musste und auch die Schlösser in der Touraine räumte, um nach Bordeaux auszuweichen, passierte ein Missgeschick: Personalchef Comte de Robien erhielt den Auftrag, den Versailler Vertrag mit einem Kurier nach Bordeaux zu schicken. Doch er brachte lediglich eine Ratifikationsurkunde auf den Weg. Zusammen mit dem Westfälischen Frie-densvertrag von 1648 gelangte dieses Schriftstück nach Washington in die französische Botschaft, es war in Sicherheit. Doch das Original des Vertrags blieb mit den anderen Archivbeständen in Schloss Rochecotte zurück.

Fünf Lkw-Ladungen voller Dokumente lässt Künsberg nach Berlin schaffen. Dass der Aktenklau völkerrechtswidrig ist, schert ihn nicht. Für die Deutschen ist das Schriftgut von ungeheurem Wert: Sie gewinnen Einblick in die geheime Diplomatie Frankreichs. Und sie können Munition sammeln, etwa um eine französische Kriegsschuld oder einen jüdischen Einfluss auf die französische Politik zu behaupten. Die Akten werden zur Propaganda-Waffe.

Umso verwunderlicher ist, dass das NS-Regime darauf verzichtete, den Sensationsfund öffentlich auszuschlachten – nach all den Kampagnen, die man gegen das »Schanddiktat« gefahren hatte. Dass der Versailler Vertrag beschlagnahmt wurde, blieb eine geheime Kommandosache. Anscheinend passte die Nachricht nicht mehr ins Drehbuch der Kriegspropaganda, die sich im Sommer 1940 auf die Luft-schlacht um England konzentrierte, während das besiegte Frankreich als Verbündeter gewonnen werden sollte. Eine weitere Demütigung der Vichy-Regierung wäre unpassend gewesen. Vielleicht war aber auch der Rachedurst der Deutschen nach der Siegesparade in Paris gestillt.

Nach Künsbergs Landung in Berlin verliert sich die Spur des Dokuments. Möglicherweise ging der Vertrag, der dauerhaften Frieden stiften sollte, in den Wirren des Krieges in Flammen auf. Denkbar ist aber auch, dass die Urkunde im Rahmen der Evakuierung der Archivalien des Auswärtigen Amtes nach Schlesien verbracht wurde, wo sie im Frühjahr 1945 der Roten Armee in die Hände gefallen sein könnte. Doch das bleibt Spekulation. Die Öffnung der sowjetischen Sonderarchive in den Neunzigerjahren förderte den Versailler Vertrag jedenfalls nicht zutage.

Höchst unwahrscheinlich, dass er eines Tages wieder auftaucht. Und selbst wenn: Wäre die Nachricht heute noch eine Sensation?

MERIT PETERSEN *ist Historikerin.*
Sie lebt in Ratzeburg

Schuld und Siege

Was Versailles von anderen historischen
Friedensschlüssen unterscheidet VON JOST DÜLFFER

Der Vertrag von Versailles hat eine schlechte Presse. Er war ohne Zweifel ein »Diktat« und unterschied sich als solches gravierend von anderen historischen Friedensschlüssen. Doch was stellte man sich 1919 eigentlich unter einem Frieden vor?

Seit der Frühen Neuzeit hatten Kriegsparteien in Verträgen dieser Art meist ein »Frieden wirkendes Vergessen« vereinbart. Man versicherte sich gegenseitig, nicht mehr über das Kriegsgeschehen zu sprechen, und erließ eine Amnestie, verzichtete also auf Strafen für das, was man sich angetan hatte. Eine solche Formulierung gab es etwa im Westfälischen Frieden von 1648, der nach fünf Jahren Verhandlung den Dreißigjährigen Krieg beendete. Im 19. Jahrhundert kam das Vergessen und Vergeben aus der Mode. Im deutsch-französischen

Frieden von Frankfurt 1871 war davon keine Rede mehr, wohl aber – wie üblich – von einer finanziellen Entschädigung. Diese Zahlungen wurden den Verlierern auferlegt, um sie für einige Zeit zu schwächen; sie verschafften den Siegern also begrenzte materielle Vorteile. Das geschah 1871 noch geschäftsmäßig und ohne moralische Begründung. Die unterlegenen Franzosen zahlten anstandslos binnen weniger Jahre.

Im Versailler Vertrag von 1919 war das anders: Er wies im Artikel 231 dem Deutschen Reich die alleinige »Schuld« am Krieg zu und begründete damit die zu leistenden Reparationszahlungen, über deren Höhe sich die Alliierten noch verständigen mussten. Die Verhandlungen darüber dauerten Jahre, sie belasteten nicht nur die Weimarer Republik bis an ihr Ende,

DAMIT DIE WAFFEN RUHEN

Feierlicher Schwur
von Münster beim
Westfälischen
Frieden 1648 (l.);
idealisierte Szene
beim Wiener
Kongress 1814/15;
Lloyd George,
Clemenceau und
Wilson am Tag der
Unterzeichnung
des Vertrages von
Versailles 1919;
Churchill, Truman
und Stalin schein-
bar freundschaftlich
vereint auf der
Potsdamer
Konferenz 1945

sondern auch die internationalen Beziehungen dieser Zeit. War also die historisch eher neue Zuweisung der Kriegsschuld an Deutschland kontraproduktiv und ein Hindernis für den Frieden? Zum Vergleich: Auch das zu einem Kleinstaat abgesunkene Österreich musste nach dem Vertrag von Saint-Germain vom September 1919 Reparationen zahlen, wofür unter anderem sein »Angriff« bei Kriegsbeginn als Begründung diente, jedoch vermied man hier den Begriff »Schuld«.

Dass die Kriegsschuld nach dem Ersten Weltkrieg derart moralisch aufgeladen wurde, lag vor allem an einem fundamentalen Wandel des Krieges selbst. Solange sich Fürsten und Könige wie im Dreißigjährigen Krieg mit Heeren aus bezahlten Söldnern oder gepress-

ten Untertanen gegenüberstanden, konnten sie sich mit Blick auf militärische Erfolge oder Misserfolge sowie nach Kriterien der Zweckmäßigkeit und Ehre meist einigen. Details des Friedensschlusses mussten sie ihren Untertanen nicht weiter vermitteln. Noch auf dem Wiener Kongress 1814/15, der nach den Napoleonischen Kriegen das Gleichgewicht der europäischen Dynastien wiederherstellen sollte, verhandelten die Diplomaten ohne größere Rücksicht auf die Bevölkerung ihrer Staaten. Doch Kriegsführung und Armeen wandelten sich im Laufe des 19. Jahrhunderts. Die neuen Freiwilligenheere verlangten nach einer Motivation jenseits des Materiellen, und in Zeiten eines aufkommenden Nationalgefühls mussten die Bürger sich den Sinn von Krieg und Frieden zu eigen machen.

Der Erste Weltkrieg zeigte diesen Wandel deutlich: 17 Millionen Soldaten und Zivilisten starben zwischen 1914 und 1918, weitere Millionen kamen verletzt, verstümmelt und dauerhaft psychisch belastet heim. Darüber hinaus war die mentale Mobilisierung auf allen Seiten so tiefgreifend, dass man den Feind als Inbegriff des Bösen sah. Auch wenn 1918 viele Soldaten erschöpft und kriegsmüde waren, verhinderte dieser mentale Ballast, den Gegner als moralisch gleichwertigen Verhandlungspartner zu akzeptieren. Hinzu kam, dass der Krieg die wirtschaftliche Leistungsfähigkeit aller Beteiligten auf eine harte Probe gestellt hatte. Der Gegner musste also für die eigenen Kriegsschulden aufkommen: *Le boche payera tout* (»Der Deutsche wird alles bezahlen«) lautete eine französische Parole, die den Zusammenhang von Schuld und Schulden unterstrich (den es sprachlich so nur im Deutschen gibt).

Im Zweiten Weltkrieg waren die Freund-Feind-Bilder noch radikaler, und die Schuldfrage gewann durch den verbrecherischen Charakter des deutschen Krieges und durch den Holocaust eine neue Bedeutung. Anders als 1918 bestand an der alleinigen Kriegsschuld Deutschlands nie ernsthafter Zweifel, und anders als 1918 stellten die Alliierten die »Hauptkriegsverbrecher« vor Gericht.

Auf Reparationen allerdings wollten vor allem die USA nach den Erfahrungen von Versailles verzichten. Der Kompromiss mit der Sowjetunion sah vor, dass sich die Alliierten jeweils aus ihrer Zone bedienen durften. Dagegen enthielten die 1947 in Paris unterzeichneten Friedensverträge mit den Verbündeten Deutschlands – also Italien, Finnland, Ungarn, Bulgarien und Rumänien – neben Kriegsschuldklauseln durchaus Verpflichtungen zu Reparationen. Aber als besonders belastend stellten sich diese Verpflichtungen nicht heraus.

1945 schlossen die Siegermächte keinen formellen Friedensvertrag mit Deutschland, und auch bei der deutschen Wiedervereinigung 1990 verzichteten alle Seiten darauf. 45 Jahre nach dem Zweiten Weltkrieg waren die beiden deutschen Staaten längst Mitglieder der Völkergemeinschaft geworden. Ersatzweise unterzeichneten sie und die vier Siegermächte den Zwei-plus-Vier-Vertrag. Bestimmungen über Reparationen enthielt diese »abschließende Regelung« nicht. Darauf hatte Helmut Kohl gedrängt, den die Sorge umtrieb, dass ein förmlicher Friedensvertrag Reparationsansprüche wachrufen könnte. Tatsächlich werden diese bis heute immer wieder laut; zuletzt warfen die griechische und die polnische Regierung die Frage nach deutschen Zahlungen auf.

Im Jahr 2000 führte die lange Diskussion um die Entschädigung ehemaliger Zwangsarbeiter zur Einrichtung eines Stiftungsfonds unter Beteiligung der deutschen Wirtschaft.

Entscheidend für die Akzeptanz des Friedensschlusses war 1919 neben der Frage von Schuld und Schulden die Bewertung des Kriegsausgangs, also die Frage nach Siegern und Verlierern. Wie eindeutig sich diese Frage beantworten ließ, hat stets den Erfolg von Friedensverhandlungen mitbestimmt. Auf dem Wiener Kongress 1814/15 gab es einen klaren Verlierer: Napoleon war militärisch besiegt und weilte im Exil auf Elba. Seine Gegner verhandelten über eine europäische Ordnung ohne den französischen Kaiser, nicht aber ohne Frankreich als Großmacht und wiederhergestellte Monarchie. Der französische Verhandlungsführer Charles-Maurice de Talleyrand repräsentierte den *regime change* in Frankreich und verstand es mit großem Geschick, sein Land binnen weniger Jahre wieder zu einem gleichberechtigten Mitglied des europäischen Staatensystems werden zu lassen.

Gegen Ende des Ersten Weltkriegs versuchte Erich Ludendorff auf deutscher Seite, einen *regime change* als taktisches Mittel einzusetzen: Ende September 1918, als die Niederlage unabwendbar schien, forderte er einen schnellen Waffenstillstand und eine Parlamentarisierung des Kaiserreichs, die über die im Krieg erreichten Ansätze hinausging. Deutschland sollte dadurch einen Bonus bei den Alliierten bekommen, vor allem aber konnten sich Kaiser und Generale so der Verantwortung für den verlorenen Krieg entziehen und die Demokraten mit der Abwicklung der Niederlage belasten.

Den meisten Deutschen war in diesem Moment nicht klar, dass der Krieg wirklich verloren war: Russ-

Auf dem Wiener Kongress verhandeln die Sieger mit den Besiegten

land hatte man zum Frieden gezwungen, die Ukraine besetzt, auf deutschem Boden standen keine feindlichen Truppen, und die deutschen Verbände kehrten in voller Formation ins Reichsgebiet zurück. »Im Felde unbesiegt« lautete die Parole, die zum Kern der Dolchstoßlegende wurde. Es war nicht zuletzt das Nichteingeständnis der Niederlage, das dazu führte, dass die allermeisten Deutschen den Versailler Vertrag ablehnten und der Friedensschluss zur dauerhaften Belastung der Weimarer Republik wurde.

Nach dem Zweiten Weltkrieg wollten die Alliierten eine ähnliche Entwicklung unbedingt vermeiden: Winston Churchill und Franklin D. Roosevelt vereinbarten bereits im Januar 1943 in Casablanca formlos, dass die Deutschen, Japaner und Italiener bedingungslos kapitulieren müssten. Stalin schloss sich dieser Entscheidung der Alliierten an, um seine

Ist uns die Kunst, Frieden zu schließen, verloren gegangen?

gleichberechtigte Teilnahme an den Friedensverhandlungen nicht zu gefährden.

In einem Fall kam es anders: Im Juli 1943 stürzten die Italiener Mussolini und wechselten die Fronten. Das war 1947 die Voraussetzung für den relativ milden Frieden mit Italien. In Deutschland übernahmen die Alliierten 1945 zunächst gemeinsam die Macht und setzten einen Regimewechsel durch, der durch eine zehn Jahre dauernde förmliche Besatzung gesichert wurde – eine Strategie ohne historisches Vorbild. Im Fernen Osten kapitulierte Japan im August 1945 bedingungslos, aber hier beließen die Alliierten den Kaiser an der Spitze. Im Zuge des sich verschärfenden Ost-West-Konflikts schlossen 1951 nur die Westmächte mit Japan Frieden.

Auch der Kalte Krieg endete ohne formellen Friedensschluss, aber er schuf sehr wohl Sieger und Besiegte. 1999 verkündete Wladimir Putin, dass »Versailles« für den Aufstieg des deutschen Faschismus und den Zweiten Weltkrieg verantwortlich gewesen sei, was als historische Analogie gemeint war und eine Warnung oder Drohung sein sollte, Russland in der Gegenwart auf keinen Fall ähnlich zu behandeln.

Da Kriege meist um Territorien geführt werden, spielten auch Gebietsverluste und -gewinne sowie die Frage der Entmilitarisierung eine bedeutende Rolle in der Geschichte der Friedensschlüsse. Die modernen Staaten sind in der Frühen Neuzeit wesentlich durch die Mobilisierung zum Krieg entstanden, die Friedensschlüsse bekräftigten Eroberungen und Verluste im Nachhinein völkerrechtlich. Noch auf dem Wiener Kongress zog man vor allem in deutschen Landen willkürlich Grenzen und schob »Seelenzahlen« sowie

ganze Bevölkerungsgruppen auf Grundlage von Statistiken hin und her. Im Frieden von Frankfurt 1871 verlor Frankreich größere Gebiete des Elsass und Lothringens an Deutschland.

Nach dem Ersten Weltkrieg lautete das Leitwort »Selbstbestimmung«, und es bezog sich auch auf die nationalen Grenzen. Ostmitteleuropa versank bis 1921 in einem Strudel aus Krieg und Bürgerkrieg zwischen den neuen Nationalbewegungen und Nationen, die aus der Erbmasse der Vielvölkerreiche Teile für sich beanspruchten. Das Deutsche Reich musste im Osten, Norden und Westen Gebiete abtreten, was mit dem Selbstbestimmungsrecht begründet wurde, das Land aber vor allem militärisch und wirtschaftlich schwächen sollte.

Nach dem Zweiten Weltkrieg waren sich die Alliierten auf der Potsdamer Konferenz im August 1945 einig, dass es noch ganz anderer Eingriffe bedürfe als der Abtrennung der Gebiete östlich von Oder und Neiße, um die Deutschen friedensfähig zu machen. Hatte der Versailler Vertrag die Streitkräfte des Deutschen Reiches und seiner Verbündeten lediglich verkleinert, wurde Deutschland nach 1945 – wenn auch nur für zehn Jahre – vollständig entmilitarisiert.

Seit dem Ende des Kalten Krieges kommt es häufiger zu solch grundlegenden Eingriffen in staatliche Strukturen, um friedensfähige Gesellschaften zu schaffen. So sollen sich etwa die Kriegsgegner in Zentralafrika, im Nahen Osten oder auf dem Balkan mithilfe der Vereinten Nationen aussöhnen; Demokratie und Rechtsstaatlichkeit sollen etabliert werden, um einen dauerhaften Ausgleich zu ermöglichen. Formelle Friedensverträge sind dabei selten geworden – heute spricht man eher von *post-conflict peace building*, von zum Teil langwierigen Friedensprozessen, deren Erfolg keineswegs garantiert ist. Länder wie Israel, Bosnien oder der Sudan sind Beispiele dafür.

Schon Versailles war friedenspolitisch alles andere als eine Erfolgsgeschichte. Ist also die Kunst, Frieden zu schließen, abhandengekommen? Das wohl nicht. Aber im Vergleich zur Zeitspanne zwischen Westfälischem Frieden und Wiener Kongress ist es komplizierter geworden, Konflikte zu deeskalieren und Krisenherde zu befrieden. Auch wenn das Völkerrecht immer mehr Hilfen bereitstellt, gehört mehr als die Unterzeichnung von Verträgen dazu: Echter Frieden ist immer auch »Seelenfrieden« der Kriegsgegner. Das gilt gleichermaßen für 1919 wie für 2019. ∎

JOST DÜLFFER *ist emeritierter Professor für Neuere Geschichte an der Universität Köln*

WEITERLESEN
Gerd Krumeich (Hrsg.): »Versailles 1919. Ziele, Wirkung, Wahrnehmung« Klartext Verlag, Essen 2001

Klauseln für die Ewigkeit

Manch eine Bestimmung des Versailler Vertrags überdauert sogar den Kalten Krieg. Doch nach 100 Jahren hat Deutschland alle Forderungen erfüllt. Oder nicht?

SPÄTE RÜCKKEHR
Der vermeintliche Schädel von Häuptling Mkwawa wird 1954 übergeben. Seite rechts: Moldauhafen in Hamburg, Tschechiens Tor zu den Weltmeeren

Der Frieden, der mit dem Versailler Vertrag besiegelt wurde, sollte ewig halten – das gelang nicht. Aber einige seiner Abschnitte sind auch am hundertsten Jahrestag noch aktuell.

Artikel 363 zum Beispiel: »In den Häfen Hamburg und Stettin verpachtet Deutschland der Tschecho-Slowakei für einen Zeitraum von 99 Jahren Landstücke, die [...] dem unmittelbaren Durchgangsverkehr der Waren von oder nach diesem Staate dienen sollen.«

Die Diplomaten in Paris sorgten sich um einen Seezugang für die junge Tschechoslowakei, die so unpraktisch tief im Kontinent lag. Es kam für sie eigentlich nur die Elbe als schiffbarer Weg zu den Weltmeeren infrage. Nach Versailles dauerte es zehn Jahre, bis 1929 ein Vertrag abgeschlossen wurde, der aber 99 Jahre Bestand haben sollte: In Hamburg bekam die Tschechoslowakei 30.000 Quadratmeter unweit des Stadtteils Veddel am Fuße der Elbbrücken, den Moldauhafen und den benachbarten Saalehafen.

Schlepper und Frachtkähne von der Moldau landeten hier jahrzehntelang Zucker, Kohle, Getreide, Holz oder Glas an; 1937 zum Beispiel machten mehr als 2000 Kähne fest.

Nach dem Zweiten Weltkrieg wurde die Regelung von 1929 abgelöst durch einen Pachtvertrag zwischen der Bundesrepublik und der Tschechoslowakei. Am Ufer des Saalehafens ließ die Prager Regierung ein Gästehaus für die Schiffer errichten; die Tschechoslowakische Elbeschiffahrts-Gesellschaft (ČSPL) schickte 1955 das Clubschiff *Praha,* das am Kai festmachte. Dort gab es zwar nur deutsches Exportbier, aber immerhin böhmische Küche. Deutsche waren dagegen nicht so gern gesehen. Die *Praha* diene vor allem politischen Schulungen im Sinne des Sozialismus, befand damals die *ZEIT.* Und argwöhnte: »Anscheinend sollen die Elbeschiffer aus Prag den Verlockungen des ›verderbt-kapitalistischen‹ St. Pauli ferngehalten werden.«

Nach dem Zusammenbruch des Ostblocks verteilten sich Tschechen und Slowaken 1992 auf zwei Länder, und der Moldauhafen gehörte fortan allein den Tschechen. Zehn Jahre lang dümpelte der Umschlag vor sich hin, dann meldete die ČSPL Insolvenz an.

Seitdem wächst der Moldauhafen langsam zu. Das Clubschiff *Praha* ist lange fort. Die Stadt Hamburg möchte das Areal den Tschechen abspenstig machen: Ende 2015 war es Filetstück bei der erfolg-

losen Olympia-Bewerbung, nun will man dort einen neuen Stadtteil bauen – der Moldauhafen liegt in Sichtweite der Elbphilharmonie. Die Tschechen sollen zum Ausgleich ein anderes Gebiet bekommen, wahrscheinlich am Kuhwerderhafen südlich des Alten Elbtunnels. Man verhandelt. Der Vertrag gilt schließlich noch bis 2028.

Zum 3. Oktober 2010 überweist das Bundesamt für zentrale Dienste und offene Vermögensfragen einen stattlichen Millionenbetrag. Damit ist der letzte Rest von Schulden getilgt, die mit dem Versailler Vertrag in Verbindung standen. Nur 91 Jahre nach der Unterzeichnung. Dass es so lange dauerte, lag unter anderem an der deutschen Wiedervereinigung.

Teil VIII des Versailler Vertrages regelte die Reparationen, die Deutschland zahlen musste. Ihre Höhe wurde bis 1921 ausgehandelt: Am Ende waren es 132 Milliarden Reichsmark in 42 Jahresraten. Im Dawes-Plan von 1924 und im Young-Plan von 1929 senkten die Alliierten die Schulden und gaben den Deutschen außerdem die Möglichkeit, sich Geld im Ausland zu leihen. Die Weltwirtschaftkrise der späten Zwanzigerjahre führte dazu, dass 1932 in Lausanne de facto das Ende der deutschen Reparationen beschlossen wurde.

Doch die Zinsen aus den Young- und Dawes-Anleihen sowie einer weiteren beim schwedischen Streichholz-Konzern Kreuger fielen weiter an. In der NS-Zeit und unmittelbar danach wurden sie nicht mehr bedient, und im Februar 1953 erließen die Westmächte den Deutschen in London einen großen Teil der Auslandsschulden, wodurch die Bundesrepublik erst kreditwürdig wurde. Die Zinszahlungen auf die Anleihen nach 1945 wurden aber nur zurückgestellt, bis zum Tag der Wiedervereinigung Deutschlands. Nach dem 3. Oktober 1990 begann Deutschland tatsächlich, die alten Zinsschulden in Höhe von etwa 250 Millionen D-Mark zu begleichen – bis zum 3. Oktober 2010.

Eine Forderung, die auch Zeitgenossen für einen makabren Scherz halten mussten, enthält Artikel 246 des Versailler Vertrages: »Innerhalb von sechs Monaten nach dem Inkrafttreten [...] muss [...] der Schädel des Sultans Makaua, der aus Deutsch-Ostafrika weggenommen und nach Deutschland gebracht worden ist, [...] der britischen Regierung übergeben [werden].«

Im allgemeinen Anti-Versailles-Getöse der Weimarer Republik ging die Forderung erst einmal unter. Als die Briten aber nachfragten, ließ Außenminister Gustav Stresemann den Schädel suchen – gefunden wurde nichts. Wahrscheinlich sei er nie nach Deutschland gelangt, so das Ergebnis. Doch wie kamen die Briten auf diese Idee?

Um 1890 kämpften deutsche Kolonialtruppen in Deutsch-Ostafrika gegen den aufständischen Stamm der Wahehe. Reihenweise wurden die Afrikaner ermordet, bis ihr Häuptling Mkwawa – zu Deutsch: »Sultan Makaua« – am 17. August 1891 bei einem Angriff im hohen Buschgras eine ganze Einheit der deutschen Schutztruppe niedermetzelte. Das *Berliner Tageblatt* titelte: »Hiobspost aus Deutsch-Ostafrika«.

Sieben Jahre lang jagten die Deutschen den Häuptling. 1898 behauptete dann ein deutscher Feldwebel, ihn gefunden zu haben, leider mit einer Kugel im Kopf. Als Beweis hatte der Soldat aber das Haupt des Häuptlings abgetrennt und in einem Topf zur nächsten deutschen Station gebracht – pünktlich vor Ablauf der Frist für das Kopfgeld, das auf Mkwawa ausgesetzt worden war.

Angeblich gelangte der Schädel später nach Deutschland. Die Briten forderten in Versailles die Herausgabe, weil sie Kämpfer der Wahehe rekrutiert hatten, die im Ersten Weltkrieg in Flanderns Gräben ihren Häuptling rächen sollten. Es war Zeit für die Belohnung. Doch weil Stresemanns Suche nichts ergab, ließ er den Briten kurzerhand drei Schädel unbekannter Herkunft schicken. Einen wählten die Briten aus und übergaben ihn den Wahehe. Er ging verloren.

1953 wurde im Bremer Übersee-Museum dann der britische Offizier Edward Twining vorstellig, Gouverneur des Mandatsgebiets Tanganjika (Tansania). Er suchte immer noch nach dem echten Schädel. Im Fundus des Museums stieß er auf einen Totenkopf mit Einschussloch. Am 19. Juni 1954 übergab er den Schädel in einer feierlichen Zeremonie im Dorf Kalenga den Wahehe.

Bis heute kann man ihn dort in einem Vitrinenschrein besichtigen. Doch das Fundstück aus Bremen kam mit großer Wahrscheinlichkeit von einem aufgelassenen Bremer Friedhof. Einen Schädel aus der Kolonie hat das Museum nie besessen.

Es ist unklar, ob Mkwawas Schädel überhaupt je Tansania verlassen hat. Die Ehefrau des deutschen Soldaten, der das Kopfgeld einstrich, sagte seinerzeit, ihr Mann habe das Haupt vergraben. Irgendwo im Boden Tansanias. Ein Teil des Versailler Vertrages ist also bis heute nicht erfüllt. **FLO**

Versailles war nicht schuld an Hitler

Warum die Deutschen in Paris nicht verhandeln durften,
woran die Konferenz fast gescheitert wäre und was 1919 mit 2019 verbindet.
Ein Gespräch mit dem Historiker Jörn Leonhard

ALTE NARBEN: Im Nordosten Frankreichs hat sich der Krieg so tief in die Landschaft geprägt, dass er noch heute gut zu erkennen ist. Von Gras und Moos bewachsener Schützengraben in der Gedenkstätte Beaumont-Hamel bei Arras

ZEIT Geschichte: Zeitgenossen und Historiker lassen kaum ein gutes Haar am Frieden von Versailles. War der Vertrag wirklich so schlecht wie sein Ruf?

Jörn Leonhard: Man sollte unterscheiden zwischen dem Vertrag und dessen Wahrnehmung. In Deutschland erregten sich die Gemüter über die Schuldzuweisung im Artikel 231, über die befürchtete Auslieferung des Kaisers und über die Reparationen. Dabei übersah man, dass weder der Nationalstaat von 1871 noch dessen ökonomische Potenz zerschlagen wurde. Außenpolitisch war Deutschlands Position in Osteuropa sogar stärker geworden, weil traditionelle Konkurrenten wie das Zarenreich und die Habsburgermonarchie nicht mehr existierten. Man übersah außerdem, dass der Friedensschluss auch aus Sicht vieler alliierter Diplomaten Schwächen aufwies, die jedoch in einem längeren Friedensprozess ausgeglichen werden sollten.

ZEIT Geschichte: Warum glaubten selbst die Siegermächte nicht an den Vertrag?

Leonhard: Als er im Reichsanzeiger veröffentlicht wurde, war er über 600 Seiten stark, ein ungemein ausführliches und kompliziertes Werk. Das zeigt, wie extrem hoch der Anspruch war, noch kleinste Details zu regeln. Die Zeitgenossen erlebten den Ersten Weltkrieg als totalisierten Krieg, diese Vorstellung übertrug sich auf Versailles: Nun sollte ein totaler Frieden folgen.

ZEIT Geschichte: Ein Anspruch, an dem man zwangsläufig scheitern musste?

Leonhard: Die Erwartungen waren jedenfalls viel zu hoch. Und die Interessengegensätze zwischen den Siegern viel zu groß. Die USA hatten durch den Krieg eine globale Machtstellung errungen, Wilson konzentrierte sich auf die internationale Architektur, den Völkerbund; Frankreich hatte den Krieg im eigenen Land erlebt, große Verluste erlitten und wollte sich gegen jede weitere Aggression absichern; Großbritannien folgte seiner imperialen Logik. Aus dieser Gemengelage erwuchsen komplizierte Kompromisse.

ZEIT Geschichte: Die Deutschen durften diese Kompromisse nur annehmen oder ablehnen, verhandelt wurde nicht. Haben die Alliierten dadurch die Chance auf einen Frieden vertan, der auf mehr Akzeptanz gestoßen wäre?

Leonhard: Zumindest hätte man so dem Vertrag etwas von seinem Diktat-Charakter nehmen können. Ob es genutzt hätte, bleibt zweifelhaft. Die Deutschen sahen sich verraten, zumal von Wilson, weil es keine Verhandlungen und keinen Frieden auf der Grundlage der 14 Punkte gab.

ZEIT Geschichte: Die Alliierten rückten von den 14 Punkten ab. Ist die Empörung darüber nicht verständlich?

Leonhard: Ja, zum Teil. Nach dem deutsch-amerikanischen Notenwechsel im Oktober und November 1918 durfte man eine gewisse Verbindlichkeit der 14 Punkte und der nachfolgenden Äußerungen Wilsons für den Waffenstillstand und den Frieden annehmen. Die Deutschen unterschätzten aber, wie verheerend der Krieg auf Frankreich gewirkt hatte, das eine ganz andere Politik verfolgte. Außerdem wiesen alliierte Diplomaten darauf hin, dass die Deutschen keinen milderen Frieden beanspruchen konnten, als sie Russland in Brest-Litowsk selbst auferlegt hatten.

ZEIT Geschichte: Warum entschieden sich die Alliierten gegen Verhandlungen mit den Deutschen?

Leonhard: Die Konferenz begann im Januar 1919 als Vorfriedenskonferenz, und in den folgenden Wochen brauchten die

JÖRN LEONHARD
ist Professor für Neuere und Neueste Geschichte an der Universität Freiburg. 2018 erschien sein Buch »Der überforderte Frieden. Versailles und die Welt«

der Frage der künftigen Westgrenze Polens und dem Status von Danzig verknüpft waren. Doch stets setzte sich bei den Diplomaten die Einsicht durch, dass die teils problematischen Ergebnisse immer noch besser waren als ein Scheitern der Konferenz und ein Wiederaufflammen des Krieges. Die Handlungsspielräume waren zu diesem Zeitpunkt sehr begrenzt.

ZEIT Geschichte: Die »Friedensmacher« traten nicht so handlungsmächtig auf, wie es scheint?

Leonhard: Sie konnten bei Weitem nicht so souverän agieren, wie es die berühmten Fotos der »Großen Vier« nahelegen. Der Erwartungsdruck, der auf Wilson, Clemenceau und Lloyd George lastete, war enorm. In Großbritannien etwa verlangten nicht nur die Gewerkschaften, bei den Reparationen nicht nachzugeben, um den *welfare state* für das Heer der Veteranen, Invaliden, Witwen und Waisen zu finanzieren, auch die Dominions wollten für ihren Kriegseinsatz entschädigt werden. Hinzu kamen die vollendeten Tatsachen, die in vielen neuen Staaten Ostmittel- und Südosteuropas geschaffen wurden; neue Grenzen, die in Paris nur noch ratifiziert werden sollten. Die Staatsmänner konnten viele Dinge entscheiden, aber sie waren in mancher Hinsicht auch Getriebene.

ZEIT Geschichte: Wer war am Ende der große Gewinner?

Leonhard: Großbritannien konnte seine Hauptziele früh durchsetzen, also Deutschland zu demilitarisieren, seine Flotte zu übernehmen und das Ende der deutschen Kolonien zu erreichen. Bei den Reparationen setzten sich die Briten und die Franzosen gegen die Amerikaner durch. Frankreich dagegen wurde in seinen territorialen Forderungen ausgebremst; weder erhielten die Franzosen die Rheingrenze, noch kam das angestrebte Sicherheitsbündnis mit den USA und Großbritannien zustande. Der Konflikt zwischen London und Paris wurde schon während der Konferenz offenkundig: Lloyd George wandte sich gegen einen Frieden, der die Deutschen in die Hände der Bolschewiki getrieben hätte.

ZEIT Geschichte: Hat die Furcht vor dem Bolschewismus Deutschland vor Schlimmerem bewahrt?

Leonhard: Das spielte eine nicht zu unterschätzende Rolle. Die Gefahr kam quasi über den Telegrafen nach Paris: Béla Kuns Räterepublik in Ungarn und die Berliner Straßenkämpfe im März, die Münchner Räterepublik im April 1919. Als vom Frühjahr 1919 an mit dem Rückzug der deutschen Truppen die Pufferzone im Osten verschwand, kam es zu ersten Scharmützeln zwischen polnischen Streitkräften und der Roten Armee. In Paris fürchtete man, dass ganz Osteuropa vom Bolschewismus überrollt werden könnte. Die Alliierten wollten deshalb Länder wie Rumänien und Polen stabilisieren, während deutsche Politiker die Drohung der Bolschewiki nutzen wollten, um ihre Position in Paris zu stärken.

ZEIT Geschichte: Das Deutsche Reich sah sich selbst nicht als Kriegsverlierer. Wie viel der deutschen Wut auf Versailles erklärt sich aus diesem Missverständnis?

Leonhard: Das ist ein ganz wichtiger Faktor, um zu verstehen, warum viele Deutsche so entsetzt auf den Vertrag reagierten. Die Deutschen wurden zweimal aus ihren Illusionen gerissen: Das erste Mal im Herbst 1918, als das Reich um Waffenstillstand bitten musste, obwohl man den Krieg im Osten im Frühjahr siegreich beendet und das Militär die Bevölkerung in dem Glauben gelassen hatte, man stehe auch im Westen kurz vor dem Sieg. Es gab keine alliierten Soldaten im Land, die eigenen Truppen kehr-

Alliierten extrem lange, um ihre eigenen Konflikte zu lösen. Im Februar reiste Wilson für vier Wochen zurück in die USA, um dort für den Völkerbund zu werben. In dieser Zeit schufen die Kommissionen in Paris Fakten und formulierten definitive Bedingungen. Und als Wilson im März zurückkam, stand die Konferenz bereits unter erheblichem Zeitdruck, nicht zuletzt angesichts der wahrgenommenen Bedrohung durch die Bolschewiki. Im April und Mai verschärften sich die Konflikte so dramatisch, dass die italienische Delegation abreiste und Japan drohte, nicht zu unterschreiben. Um die Kompromisse zu retten, wurde die Vorkonferenz immer mehr zu einer Definitivkonferenz – das schloss Verhandlungen mit den Deutschen am Ende aus.

ZEIT Geschichte: Stand die Konferenz vor dem Scheitern?

Leonhard: Ja, mehrfach. Es gab drei große Krisen: Italien und der Konflikt um Fiume, der Streit zwischen Japan und China um Tsingtao und Frankreichs Ansprüche auf das Rheinland, die mit

ten geordnet heim – aus dieser Kluft zwischen Erwartung und Erfahrung entstand die Legende vom Dolchstoß. Außenminister Brockdorff-Rantzau und seine Delegation fuhren mit der Vorstellung nach Paris, Deutschland habe mit seinen Vorleistungen, den Reformen im Oktober und dem Ende der Militärmonarchie im November 1918, Anspruch auf einen milden Wilson-Frieden, ohne Sieger, ohne Annexion und Kontribution. Zudem habe man mit dem Waffenstillstand große Konzessionen gemacht. Nun werde man auf Augenhöhe verhandeln und glimpflich davonkommen. Als die Deutschen dann am 7. Mai 1919 den Vertrag zu Gesicht bekamen, war dies die zweite Entzauberung.

ZEIT Geschichte: Auch unter Historikern scheint die Niederlage von 1918 noch nicht bewältigt zu sein. Der renommierte Weltkriegsexperte Gerd Krumeich fragt sich, ob an der Dolchstoßlegende nicht doch »etwas dran« sei.

Leonhard: Man muss zwischen Wahrnehmung und Wirklichkeit unterschieden und darf das nicht vermischen. Viele Deutsche suchten im Herbst 1918 nach einer Erklärung für die Niederlage, die sie unvorbereitet traf. Doch das muss man von der militärischen Situation trennen. Als die deutschen Kommandeure gefragt wurden, ob man den Krieg fortsetzen könne, fiel die Antwort negativ aus. Aber die Oberste Heeresleitung wollte das nicht öffentlich zugeben, die »Linksparteien« sollten »die Suppe auslöffeln«, wie Ludendorff ganz offen bekannte. Für die Offiziere bestand kein Zweifel: Deutschland konnte nicht weiterkämpfen. Dass Männer wie Walther Rathenau, Ernst Troeltsch oder Max Weber trotzdem über einen Volkskrieg nachdachten, eine *levée en masse,* darf man nicht mit der militärischen Realität verwechseln.

ZEIT Geschichte: Sie erwähnen in Ihrem Buch, dass sich Brockdorff-Rantzau am 7. Mai bei seiner Rede zum Vertragsentwurf nicht erhob. Er blieb sitzen. Warum ist es wichtig, das zu wissen?

Leonhard: Dieses Thema beherrschte tagelang die Zeitungen in Frankreich. Wenn man, wie die Alliierten und die Deutschen in Versailles, nicht direkt miteinander kommuniziert, entsteht ein Vakuum, in dem Gesten und Symbole enorme Bedeutung gewinnen. In der Presse ging es nicht um die Frage, wie die Deutschen denken oder der 7. Mai auf sie gewirkt hat, sondern nur um diesen Moment, um Brockdorff-Rantzau als einen typischen Vertreter der aggressiven, uneinsichtigen Wilhelminer. Dabei war er Morphinist und konnte wahrscheinlich kaum stehen vor Aufregung.

ZEIT Geschichte: Die Reaktionen zeigen, wie sehr der Krieg in den Köpfen weiterging. Ist die Vorstellung irrig, dass es nach einem derart grausamen und opferreichen Krieg am Konferenztisch so etwas wie Versöhnung hätte geben können?

Leonhard: In Paris strebten alle nach einem Frieden, der den ungeheuren Opfern des Krieges gerecht werden sollte. Deshalb war es so schwierig, Zugeständnisse zu machen: Jede Konzession erschien als Verrat an den Toten. Doch wir überfordern nicht nur Versailles, sondern Friedensschlüsse generell, wenn wir erwarten, dass allein sie bereits Versöhnung stiften. Eine politische und militärische Stabilisierung kann man so erreichen, aber Versöhnung ist ein Prozess, der Jahre, vielleicht Jahrzehnte dauert. Frankreich und Deutschland gelang dies nach dem Krisenjahr 1923 überraschend schnell: 1925 schlossen beide Seiten den Vertrag von Locarno, und Ende der Zwanzigerjahre luden französische Veteranen ihre deutschen Kameraden zum gemeinsamen Gedenken ein.

ZEIT Geschichte: Was wäre passiert, wenn Deutschland in Versailles nicht unterschrieben hätte?

Leonhard: Seit Dezember 1918 standen über zwei Millionen amerikanische Soldaten in Europa, und zwischen Mai und Juni 1919 arbeiteten die Alliierten an detaillierten Plänen zur Besetzung Deutschlands mindestens bis zur Weser. Dieses Szenario hatten die deutschen Politiker und Militärs bei ihrer Entscheidung im Juni vor Augen. Die Militärkommandeure empfahlen, es nicht auf einen Einmarsch ankommen zu lassen, sondern zu unterschreiben: Sie fürchteten um die territoriale Integrität des Reiches. Nicht zu unterzeichnen war eine Scheinalternative – trotzdem wurde der Streit mit extremer Schärfe geführt.

ZEIT Geschichte: In Weimar wurde Versailles zum Kampfargument gegen die Republik – obwohl sich deren Revisionsbilanz sehen lassen konnte: Selbst die Reparationen fielen 1932 weg. Warum profitierte die Republik davon nicht mehr?

FESTUNG
Die »Ouvrage de Thiaumont« nahe Verdun

Leonhard: Die Frage ist, welches relative Gewicht Versailles in der Endphase Weimars zukam. In der Polemik gegen die Republik spielt Versailles ohne Zweifel eine wichtige Rolle, aber viele Ursachen für das Ende lassen sich eben nicht auf 1918/19 zurückführen: weder die Militarisierung des Parteiensystems noch die Verelendung weiter Teile der Gesellschaft. Wir müssen die alte Vorstellung verabschieden, der Versailler Vertrag und vielleicht noch die Weimarer Verfassung hätten 1933 vorherbestimmt.

ZEIT Geschichte: Wie wichtig war Versailles für den Aufstieg der Nationalsozialisten?

Leonhard: Das war ein bedeutender Faktor, weil Hitler so die Brücke in den November 1918 schlug: Versailles ratifizierte für ihn den Waffenstillstand, die verhasste Revolution, den »Dolchstoß«, die Republik. Der Kampf gegen das »Diktat« rechtfertigte seine Revisionspolitik. Allerdings war die Revision von Versailles eine Staatsräson für alle Politiker der Weimarer Republik. Wer etwas anderes versprochen hätte, wäre chancenlos geblieben.

ZEIT Geschichte: Die Nationalsozialisten aber verkörperten am glaubwürdigsten die Wiederherstellung nationaler Ehre, sie mobilisierten am erfolgreichsten nationale Emotionen.

Leonhard: Der Weimarer Republik fehlte am Ende auch eine emotionale Antwort auf Hitler, das ist richtig. Sie wirkte eigenartig technokratisch. Wir dürfen das Ende Weimars aber nicht auf eine Emotionsgeschichte reduzieren. Der Appell an die Gefühle setzt immer eine Nachfrage voraus, eine akute Krise. Es ist wie mit der Dolchstoßerzählung: Sie funktioniert erst unter bestimmten Bedingungen. Und die kamen mit der Abwendung der konservativen Eliten vom Parlamentarismus und von 1929 an mit der Weltwirtschaftskrise, sechs Millionen Arbeitslosen und vielen Toten bei den Straßenschlachten.

ZEIT Geschichte: Machte die Anti-Versailles-Propaganda Hitler salonfähig und half, seine wahren Ziele zu verbergen?

Leonhard: Sie verknüpfte seine Ziele jedenfalls mit den Erfahrungen vieler Menschen nach 1918. Der Moment, in dem die traditionelle Revision von Versailles in etwas anderes umschlug, war im Juni 1940 in Compiègne erreicht, als Hitler die Franzosen im Salonwagen von 1918 die Kapitulation unterschreiben ließ. Diese Gegeninszenierung sollte den Deutschen das Gefühl geben, mit dem Sieg über Frankreich auch den Ersten Weltkrieg gewonnen zu haben. Danach aber begann Hitlers eigentliches Programm: der Weltanschauungs- und Vernichtungskrieg im Osten, der mit einer Revision von Versailles nichts mehr zu tun hatte.

ZEIT Geschichte: Der Zweite Weltkrieg beginnt noch als Revisionskrieg?

Leonhard: Für Hitler sind die Angriffe auf Polen und Frankreich nur das Vorspiel zum eigentlichen Krieg, für die deutsche Bevölkerung aber sieht es anders aus: Die Beschießung der Westerplatte in Danzig, der »Blitzkrieg« im Westen, die Inszenierung in Compiègne – damit wird der Ausgang des Ersten Weltkriegs gleichsam korrigiert. Das ist das Leitmotiv in den Tagebüchern von Ernst Jünger, aber auch bei vielen jüngeren Offizieren.

ZEIT Geschichte: Historiker wie Hans-Ulrich Wehler haben vom »Zweiten Dreißigjährigen Krieg« gesprochen, um die Kontinuität zwischen 1914 und 1939 zu betonen. Beginnt mit dem Ersten die Vorgeschichte des Zweiten Weltkriegs?

Leonhard: Ich mag diese Bezeichnung ebenso wenig wie den Begriff »Zwischenkriegszeit«, weil wir damit den Zeitgenossen von 1918/19 bei allen Belastungen die relative Offenheit des historischen Moments nehmen. Wer vom »Zweiten Dreißigjährigen Krieg« spricht, schnürt die Ereignisse geradezu zusammen. Das ist suggestiv, aber es verzerrt auch, und es hat etwas enorm Entlastendes, weil man Widersprüche, Gegensätze und Ambivalenzen nicht mehr so genau in den Blick nehmen muss.

ZEIT Geschichte: Vor vier Jahren, als sich der Beginn des Ersten Weltkriegs jährte, entbrannte eine öffentliche Debatte über Christopher Clarks *Schlafwandler.* Erwarten Sie eine Neuauflage dieser Kontroverse zum Thema »Versailles«?

Leonhard: Ich bin vorsichtig mit einer Prognose, aber wir leben in einer Zeit, in der sich die Rhythmen der Geschichtspolitik und des historischen Revisionismus beschleunigen. Vor vier Jahren haben wir als Historiker unterschätzt, was die Frage nach der Kriegsschuld für viele Deutsche bis heute bedeutet. Ich kenne keinen Historiker, der noch von der deutschen Alleinschuld spricht, aber die Debatte darüber haben wir zu akademisch geführt. Für die Menschen geht es noch um etwas ganz anderes ...

ZEIT Geschichte: Worum denn?

Leonhard: Ein Korrespondent der *Times,* mit dem ich neulich sprach, meinte, es sei die *German Angst:* diese spezifische Unsicherheit, auch die Erregungsfähigkeit, die mit der Kette von Umbrüchen seit 1914 zu tun hat, mit den fünf Deutschlands, die der Historiker Fritz Stern kannte. Die dichte Umbruchserfahrung verleiht dem historischen Moment von 1914 enorme Bedeutung und Beweislast für alles, was danach folgte.

ZEIT Geschichte: Bis heute? Was verbindet unsere Welt noch mit der von Versailles?

Leonhard: In Paris mussten die Staatsmänner zum ersten Mal globale Lösungen finden, ein rein europäischer Frieden wie 1814/15 in Wien war nicht mehr möglich. Paris war ein Moment globaler Kommunikation durch Vergleiche: Worin unterscheidet sich das Regime der Franzosen in Indochina von dem der Japaner in Korea oder der Briten in Indien? Dazu schuf die aus aller Welt angereiste Presse eine internationale Öffentlichkeit, Nachrichten aus Paris wurden auch in Kairo oder Shanghai aufmerksam registriert, und umgekehrt verzahnten die Medien die Erwartungen in aller Welt mit dem Fortgang der Konferenz. So gesehen war Paris der Ursprungsort für etwas Neues, ein globaler Moment, der ins späte 20. Jahrhundert verweist.

ZEIT Geschichte: Politisch hat die Versailler Formel vom Selbstbestimmungsrecht der Völker das 20. Jahrhundert geprägt. War Wilson eigentlich klar, welchen Geist er damit aus der Flasche ließ?

Leonhard: Er war jedenfalls kein naiver Idealist. Schon vor Beginn der Konferenz konfrontierten ihn serbische, tschechische oder slowakische Exilpolitiker mit ihren Forderungen nach Selbstbestimmung, ebenso Vertreter der Kolonialgesellschaften. Ihm war also bewusst, welche Welle der Begriff auslösen konnte. Aber Wilson verstand unter *self-determination* nicht nur nationale Selbstbestimmung, sondern zugleich demokratische Selbstregierung. Nur wer zur Selbstregierung fähig war, sollte die Unabhängigkeit bekommen. Das war gewissermaßen ein Regulativ, denn es setzte einen bestimmten Entwicklungsstand voraus. So sahen

> **»Paris 1919 war etwas Neues, ein globaler Moment«**

auch die Beschlüsse der Konferenz aus: Was man den Serben, Tschechen und Slowaken gewährte, bekamen Vietnamesen oder Araber noch lange nicht.

ZEIT Geschichte: Für die Glaubwürdigkeit des »Westens« in der kolonialen Welt war diese Doppelmoral reines Gift. Sind die Spätfolgen bis heute spürbar?

Leonhard: Nehmen Sie nur den jungen Ho Chi Minh: Er begann nach seinen Erfahrungen in Paris 1919, eine Alternative zum westlichen Modell zu suchen, und landete bei den Bolschewiki und ihrem antiimperialistischen Programm. Oder nehmen Sie China: Das Land unterschrieb den Versailler Vertrag nicht, weil Selbstbestimmung versprochen wurde, aber Tsingtau bei Japan blieb. Viele Chinesen hinterfragten nach 1919 den bisherigen Weg des Landes, den Westen zu imitieren, und wandten sich später radikal ab. Ich würde aber noch einen Schritt weiter gehen: Viele Konflikträume, mit denen wir es heute zu tun haben, sind um 1918/19 entstanden. Dazu gehört die Ukraine oder das ehemalige Jugoslawien, wo Kunststaaten wie das Kosovo und Bosnien-Herzegowina von der EU gestützt werden müssen, um den Anfang der Neunzigerjahre neu entbrannten Balkan-Konflikt einzudämmen. Oder schauen Sie auf Syrien, den Irak, Palästina und Israel: Ohne die widersprüchlichen Grenzziehungen nach dem Ersten Weltkrieg lassen sich diese Konfliktherde nicht verstehen.

ZEIT Geschichte: Liegt es nicht eher am 100. Jahrestag, dass uns Versailles heute wie der Gründungsmoment aller gegenwärtigen Konflikte erscheint?

Leonhard: Es ist nicht nur die Suggestionskraft der 100 Jahre. Es gibt auf den ersten Blick Analogien zur Gegenwart: das Zerbrechen der alten Ordnung und das Gefühl einer neuen Unübersichtlichkeit der Welt. Aber als Historiker ist auch der zweite Blick wichtig: Der Nationalismus, der uns heute begegnet, speist sich meist aus anderen Quellen als in den Zwanzigerjahren. Heute beobachten wir eher Reaktionen auf die Globalisierung, während ein traditioneller Revisionsnationalismus wie in der Ostukraine, dem es um Territorien und Bevölkerungen geht, selten geworden ist.

ZEIT Geschichte: Lässt sich der Rechtsruck in Polen und Ungarn ohne Versailles erklären? Die Souveränität dieser 1918/19 entstandenen Staaten war meist umkämpft, stabile Demokratien haben sich hier nie entwickeln können.

Leonhard: In Polen und Ungarn sind die Verbindungen zu 1918/19 offensichtlich. Den Nationalismus dort darf man nicht gesundbeten, aber man versteht ihn historisch betrachtet besser: In Polen geht es um die Angst, die nach 1989 gewonnene nationale Souveränität wieder zu verlieren. Und ungarische EU-Abgeordnete in Brüssel sind bei historischen Diskussionen innerhalb von zwei Sätzen bei Trianon, weil es bis heute ein nationales Trauma ist: Ungarn verlor zwei Drittel seines Territoriums. Die Parolen, mit denen die Regierungen beider Länder heute der EU-Kommission begegnen, ähneln bis ins Vokabular den historischen Debatten, die in Polen um den Kleinen Versailler Vertrag, der das Land 1919 auf den Schutz von Minderheiten verpflichtete, und in Ungarn um den Vertrag von Trianon geführt wurden.

ZEIT Geschichte: In Versailles entstand 1919 eine neue globale Ordnung mit den USA an der Spitze der freien Welt. Heute spre-

SCHÜTZENGRÄBEN
Luftbild einer Landschaft an der Somme

chen viele vom Ende des amerikanischen Zeitalters und sehen eine neue Zeitenwende voraus. Stehen wir vor einer ähnlichen Epochenschwelle wie 1918/19?

Leonhard: Nach dem Ende des Kalten Krieges begann eine demokratische Entwicklung, die zunächst als große Chance wahrgenommen wurde. Heute blicken wir ernüchtert und desillusioniert auf die Welt. Das erinnert durchaus an Versailles, als die Hoffnungen ebenfalls groß waren und dann zerplatzten. Auch nach 1919 zogen sich die USA zunächst politisch auf sich selbst zurück – das sieht heute unter Trump ganz ähnlich aus. Trotzdem dürfen wir eines nicht vergessen: Damals lastete der Krieg zentnerschwer auf der Friedensordnung. 17 Millionen Tote, untergegangene Imperien, völlig neue Erfahrungen von Tod und Gewalt: Das war eine fundamental andere Situation als heute. ∎

Das Interview führten FRANK WERNER *und* MARKUS FLOHR

USA

Der vergessene Krieg, der teure Frieden

Wer den Frieden von Versailles erwähnt, muss in den USA mit fragenden Blicken rechnen. Nur etwa zehn Prozent seiner Landsleute könnten damit etwas anfangen, schätzt Michael Kazin, Geschichtsprofessor an der Georgetown University in Washington. Das liege auch daran, dass die Erinnerung an den Ersten Weltkrieg verblasst sei. Auf der *Mall* in der Hauptstadt, jener Nationalpromenade unweit des Weißen Hauses und des Kapitols, wo Amerika seine Helden feiert, stehen Denkmäler für die Opfer des Zweiten

Weltkriegs, für Korea und für Vietnam. Nach einem Monument für die Toten des Ersten Weltkriegs sucht man vergebens. »Es ist ein vergessener Krieg und dementsprechend ein vergessener Frieden«, sagt Kazin.

Für Historiker in den USA rückt Versailles dennoch auf die Agenda. Nicht nur wegen des Jahrestags, auch wegen Donald Trump. »Wie damals gibt es heute eine ähnliche Debatte über die Frage, ob und wie viel Verantwortung die USA für die internationale Ordnung übernehmen sollen«, sagt Henry W. Brands, Historiker an der University of Texas in Austin. Die Erfahrung des Zweiten Weltkriegs, vor allem der Schock des Überfalls auf Pearl Harbor, hatte die Amerikaner überzeugt, die Rolle der Ordnungsmacht zu übernehmen, auch wenn damit Kosten verbunden waren. Nach Jahrzehnten des teuren Friedens beginnen viele Amerikaner nun an dieser Überzeugung zu zweifeln.

HEIKE BUCHTER ist Korrespondentin der ZEIT in New York

Frankreich

Keine stolze Feier mit Macron

Vier Jahre, von 2014 bis 2018, währten in Frankreich die offiziellen Feiern und Gedächtnisveranstaltungen zum Hundertjährigen des Ersten Weltkriegs. »Wir haben damals den Krieg gewonnen, aber nicht den Frieden«, lautete das Motto Emmanuel Macrons, das er zuletzt landauf, landab vortrug. Darin lag auch eine europäische Botschaft: Der Frieden von Versailles einte Europa nicht und war deshalb kein dauerhafter Frieden. Ausgeschlossen also, dass der französische Präsident den Jahrestag der Vertragsunterzeichnung am 28. Juni 2019 zu einem ähnlichen Staatsspektakel nutzen wird wie das Jubiläum des Waffenstillstands. Über 70 Staatschefs erwiesen Macron und Frankreich am 11. November unter dem Pariser Triumphbogen die Ehre. Viel bescheidener wird das Gedenken an Versailles ausfallen, ein Termin mit dem Präsidenten ist ausdrücklich nicht vorgesehen. Dafür eröffnet am 28. Juni im nordfranzösischen Arras eine Ausstellung zum Friedensvertrag, die mit dem Museum im Schloss von Versailles entwor-

fen wurde. Dort wird man das Mobiliar vom Ort der Unterzeichnung besichtigen können, den Schreibtisch und die Feder, mit der die Staatsführer den Vertrag unterzeichneten. Es ist wohl kein Zufall, dass das Schloss die Ausstellung in die Provinzstadt abgegeben hat: Frankreich ist stolz auf seinen Sieg im Ersten Weltkrieg, aber nicht auf den Friedensvertrag.

GEORG BLUME ist Korrespondent der ZEIT in Paris

Vergangen, nicht vorbei

Was die Pariser Friedensverträge Siegern und Besiegten bis heute bedeuten: Stimmen von Washington bis Warschau

GEMEINSAMES GEDENKEN
Angela Merkel und Emmanuel Macron legen am 10. November 2018 in Compiègne einen Kranz nieder

Österreich

Dornenkrone für Südtirol

Hundert Jahre nach der Unterzeichnung des Vertrags von Saint-Germain hat sich Österreich zu einem der reichsten Länder der Welt entwickelt. Seine Bevölkerung hat sich endgültig von jeder Großmachtambition verabschiedet, die steinernen Zeugen der imperialen Vergangenheit ziehen vor allem Touristen an.

Nur eine Narbe schmerzt noch und schwillt bisweilen zornrot an: die Teilung Tirols in einen österreichischen Norden und einen italienischen Süden. Die »Schandgrenze« am Brenner, wie sie nach 1919 genannt wurde, sorgte innen- und außenpolitisch immer wieder für Konflikte. Von Mitte der Fünfzigerjahre an versuchte eine kleine Terrortruppe, die Italiener aus Südtirol zu bomben: Es gab Tote, in italienischen Gefängnissen wurden Tiroler »Patrioten« gefoltert. Erst nach fast vier Jahrzehnten war ein tragfähiges Autonomiestatut verhandelt und umgesetzt.

Obwohl heute nur noch eine Minderheit beiderseits der Grenze Trennungsschmerzen zu verspüren scheint, empfindet sich Österreich weiterhin als »Schutzmacht« der Südtiroler. Deshalb will die rechtsnationale Regierung in Wien den deutschsprachigen »Landsleuten« südlich des Brenners zusätzlich die österreichische Staatsbürgerschaft anbieten. Außerdem lagert irgendwo im Norden noch eine gewaltige Dornenkrone aus Stahl, die als Symbol patriotischer Trauer manchmal bei Aufmärschen mitgeschleppt wird.

JOACHIM RIEDL *ist leitender Redakteur der ZEIT in Wien*

Ungarn

Trianon-Trauma auf jedem Volksfest

»Trianon ist ein Ereignis, das die Ungarn weder ausspucken noch herunterschlucken können«, sagt der Historiker Krisztián Ungváry. Durch den Friedensvertrag verlor das Land zwei Drittel seiner Fläche. Dass dies unverhältnismäßig hart war, darin sind sich ungarische Historiker heute einig.

»Alles zurück!« wurde nach 1920 zum Leitbild ungarischer Politik und Trianon zum Kern der nationalen Opfererzählung. Bis heute ist Trianon jedem in Ungarn ein Begriff. Kaum ein Volksfest ohne entsprechende Souvenirs: Großungarn prangt auf T-Shirts, Autoaufklebern, Schlüsselanhängern und Tassen. Das Trauma ist zum Kitsch geworden, zum Raum für nationale Symbolpolitik.

Das zeigt auch das politische Ringen um den 100. Jahrestag der Vertragsunterzeichnung am 4. Juni 2020: Den Antrag der rechten Oppositionspartei Jobbik, 2020 zum »Jahr der Erinnerung« zu erklären, schmetterte Viktor Orbáns Regierungspartei ab. Nicht weil sie Trianon anders bewertet, sondern weil sie selbst bestimmen will, wie erinnert wird.

Auslandsungarn, die als »Trianon-Opfer« gelten und in den angrenzenden Staaten leben, können inzwischen die ungarische Staatsbürgerschaft beantragen. Zum 100. Jahrestag soll gegenüber dem Parlament ein Gedenkplatz eröffnet werden. Dort eingraviert sind die Namen *aller* Ortschaften Ungarns im Jahr 1913.

SUGÁRKA SIELAFF *ist freie Journalistin. Sie lebt in Ungarn*

Türkei

Erdoğan brüskiert Griechenland

Die Pariser Vorortverträge sind für die Türkei Trauma und Triumph. Ein Trauma ist der Vertrag von Sèvres 1920, in dem die Türkei zerstückelt wurde. Bis heute wird in jedem Schulbuch und in jeder Feiertagsrede daran erinnert. Sèvres nährt die türkische Angst vor Teilung und Zerfall. Ein Triumph hingegen ist der Siegfrieden von Lausanne 1923. Dieser Vertrag war lange Zeit so etwas wie die Ur-Verfassung der Türkei. Er legte die Grenzen, das Staatsvolk und die Souveränität fest. Von Mustafa Kemal Atatürk abgesegnet, war er für Kemalisten so etwas wie die Heilige Schrift der türkischen Republik.

Umso mehr überraschte Präsident Recep Tayyip Erdoğan, als er 2016 Kritik an Lausanne äußerte. Er nannte den Vertrag eine »Niederlage der Türkei«, da er »unfaire Bestimmungen« enthalte. So lägen nach dem Abkommen griechische Inseln direkt vor der türkischen Küste. Diejenigen, die den Vertrag damals aushandelten, hätten versagt. All das wiederholte Erdoğan Ende 2017 ausgerechnet in Griechenland: Im Amtssitz des griechischen Präsidenten behauptete er zum Entsetzen der Gastgeber, Teile des Vertrags seien »unklar«. Der türkische Populist zielt damit auf die Kemalisten, seine politischen Gegner, er will deren Heiligtum beschädigen. Und er wirbt um das Volk. Erdoğan bietet ihm Nationalismus anstelle des Vertragsstolzes. Dass er damit die Beziehungen zu Griechenland beschädigt, rührt ihn nicht.

MICHAEL THUMANN *ist Außenpolitischer Korrespondent der ZEIT*

Polen

Regierung verpasst Nationalfeiertag

Merkwürdig, dass ausgerechnet die nationalkonservative PiS-Regierung den 100. Jahrestag der Wiedererstehung des polnischen Staates 1918 verschlafen hat. Sie versäumte nicht nur, die Nachbarn einzubinden. Kurz vor dem Nationalfeiertag am 11. November war nicht einmal klar, ob Staatspräsident Andrzej Duda an dem offiziellen, aber von Rechtsradikalen gekaperten »Marsch der Unabhängigkeit« teilnehmen würde. Schließlich eröffnete er ihn mit steinerner Miene, während einige Hundert Meter weiter Hassparolen gegrölt wurden.

Trotz feierlicher Messen, nachkolorierter Dokumentarfilme, diverser Talkshows und einiger kluger Bücher wurde die Hundertjahrfeier nicht von einer Debatte über die Wiedergeburt des polnischen Staates begleitet. Zwar war Polen 1919 Nutznießer der Verhandlungen, in der Zwischenkriegszeit spielte dies für sein Selbstverständnis allerdings kaum eine Rolle. Man wollte sich nicht mehr, wie schon so oft, als Objekt der anderen sehen, sondern sich auf die eigenen politischen und militärischen Leistungen besinnen.

Nicht ausgeschlossen, dass der 100. Jahrestag der Unterzeichnung des Versailler Vertrags eine Debatte auch über Polens Eigengewicht 30 Jahre nach der freiheitlich-europäischen Revolution von 1989 anstoßen wird. Dabei müsste es nicht zuletzt um die Vergangenheitspolitik der Nationalkonservativen gehen.

ADAM KRZEMIŃSKI *ist Publizist und lebt in Warschau*

DER FRIEDEN VON VERSAILLES

Jörn Leonhard
Der überforderte Frieden
*Versailles und die Welt
1918–1923*
Souverän erzählt der
Freiburger Historiker vom
letztlich gescheiterten
Versuch, aus den
Trümmern des Ersten
Weltkriegs eine globale
Friedensordnung zu
entwickeln. Eine Gesamt-
darstellung, die kaum ein
Detail auslässt und die
Offenheit des historischen
Moments betont
*C. H. Beck Verlag,
München 2018;
1531 S., 39,95 €*

Eckart Conze
Die große Illusion
*Versailles 1919 und die
Neuordnung der Welt*
Von einem Krieg mit
illusorischen Zielen zu
einem ebensolchen
Frieden: Pointiert und
kenntnisreich schildert der
Historiker aus Marburg
den Verlauf der Pariser
Konferenz und das
keineswegs zwangsläufige
Scheitern des Versailler
Vertrages
*Siedler Verlag, München
2018; 560 S., 30,– €*

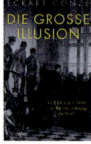

Eberhard Kolb
**Der Frieden von
Versailles**
Neuauflage eines schon
etwas älteren, aber oft
zitierten Werkes zum
Überblick und schnellen
Einstieg in das Thema
*C. H. Beck Wissen,
3. Aufl., München 2019
(erscheint im Februar);
120 S., 9,95 €*

Margaret MacMillan
Die Friedensmacher
*Wie der Versailler Vertrag
die Welt veränderte*
Auf der Suche nach dem
bestmöglichen Frieden:
Die kanadische
Historikerin beschreibt
anschaulich, wie die
»Großen Vier« in Paris um
Kompromisse rangen
*Propyläen Verlag, Berlin
2015; 736 S., 34,– €*

Klaus Schwabe
Versailles
*Das Wagnis eines
demokratischen Friedens
1919–1923*
Neue Gesamtdarstellung
des Woodrow-Wilson-
Biografen – und eine
kritische Würdigung des
Vertrages, der besser war
als sein Ruf
*Ferdinand Schöningh
Verlag, Paderborn 2019
(erscheint im März);
320 S., 39,90 €*

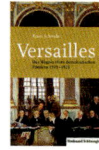

Susanne Brandt
**Das letzte Echo des
Krieges**
Der Versailler Vertrag
Kompakte Einführung,
die sich eng am Vertrags-
inhalt orientiert und seine
Wirkung in Deutschland
beleuchtet. Mit Quellen-
anhang
*Reclam Verlag, Stuttgart
2018; 255 S., 22,– €*

DEUTSCHLAND UND DIE WELT NACH 1918

Gerd Krumeich
**Die unbewältigte
Niederlage**
*Das Trauma des Ersten
Weltkriegs und die
Weimarer Republik*
Eine Annäherung an das
kollektive Bewusstsein
der deutschen Nach-
kriegsgesellschaft von
einem Kenner der
Geschichte des Ersten
Weltkriegs
*Herder Verlag, Freiburg
2018; 336 S., 25,– €*

Andreas Platthaus
**18/19 – Der Krieg nach
dem Krieg**
*Deutschland zwischen
Revolution und Versailles*
Anschauliche Schilderung
der Monate von Novem-
ber 1918 bis Juni 1919,
in denen in Deutschland
die Revolution tobt und
in Paris die Friedens-
verhandlungen laufen
*Rowohlt Verlag, Berlin
2018; 448 S., 26,– €*

Gerd Krumeich (Hrsg.)
**Nationalsozialismus und
Erster Weltkrieg**
Der Sammelband
untersucht, in welcher
Weise der Nationalsozia-
lismus auf den Erfahrun-
gen des Ersten Weltkriegs
gründete – von der unbe-
wältigten Niederlage über
das operative Denken der
Generalität bis zur
Eskalation der Gewalt
*Klartext Verlag, Essen
2010; 416 S., 29,95 €*

Robert Gerwarth
Die Besiegten
*Das blutige Erbe des Ersten
Weltkriegs*
Der Leiter des Dubliner
Zentrums für Kriegs-
studien nimmt in diesem
Band vor allem Ost- und
Südosteuropa in den Blick
und untersucht die
Entgrenzung der Gewalt
in den Verliererstaaten
des Weltkriegs
*Siedler Verlag, München
2017; 480 S., 29,99 €*

Christian Jansen (Hrsg.)
Emil Julius Gumbel
Porträt eines Zivilisten
Texte des unerschrockenen
Heidelberger Demokraten,
der sich durch seine
Polit-Dokumentationen
bei den Rechten bald
verhasst machte. Mit
einem umfassenden
Porträt Gumbels
*Verlag Das Wunderhorn,
Heidelberg 1991;
435 S., 24,60 €*

Martin Sabrow
**Die verdrängte
Verschwörung**
*Der Rathenau-Mord und
die deutsche
Gegenrevolution*
Akribisch rekonstruiert
der Potsdamer Historiker
die Hintergründe des
Attentats auf Walther
Rathenau und legt die
rechte Unterwanderung
der Weimarer Justiz offen
*Fischer Taschenbuch Verlag,
Frankfurt am Main 1999;
277 S., antiquarisch*

Birte Förster
**1919. Ein Kontinent
erfindet sich neu**
In vielen Ländern Europas
dürfen Frauen 1919
erstmals wählen, neue
Verfassungen werden
geschrieben, politische
Partizipation wird geprobt.
Ein Blick auf ein Jahr
des Aufbruchs
*Reclam Verlag, Stuttgart
2018; 234 S., 20,– €*

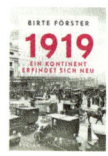

Ian Kershaw
Höllensturz
Europa 1914 bis 1949
Weshalb zerstört sich
Europa im 20. Jahr-
hundert beinahe selbst?
Dieser Frage geht
der bekannte britische
NS-Forscher nach und
zeichnet das Panorama
eines Kontinents zwischen
zwei Weltkriegen
*DVA, München 2016;
768 S., 34,99 €*

Adam Tooze
Sintflut
*Die Neuordnung der Welt
1916–1931*
Der britische Wirtschafts-
historiker datiert den
Beginn des »Amerika-
nischen Zeitalters« auf
1916, auf die zweite
Amtszeit von Präsident
Wilson, der die USA in
den Weltkrieg führt
*Pantheon Verlag, Paper-
back-Ausgabe, München
2017; 720 S., 16,99 €*

Erez Manela
The Wilsonian Moment
*Self-Determination and the
International Origins of
Anticolonial Nationalism*
Dieser Band unter-
sucht, wie elektrisierend
Wilsons Verheißung der
»Selbstbestimmung« in
China, Indien, Korea und
Ägypten wirkte
*Oxford University Press,
Oxford 2009;
350 S., 20,– €*

David Fromkin
A Peace to End All Peace
*The Fall of the Ottoman
Empire and the Creation of
the Modern Middle East*
Grundlegende Darstellung
der Verwerfungen im
Nahen Osten nach dem
Ersten Weltkrieg
*Macmillan,
New York 2009;
688 S., 16,99 €*

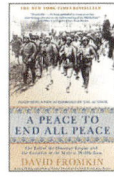

Adam Krzemiński
**Polen im
20. Jahrhundert**
Ein historischer Essay
Die fulminant erzählte
Geschichte Polens von der
Wiederentstehung
aus den Trümmern
des Ersten Weltkriegs
über die Leidenszeit im
Zweiten bis zum Sieg der
Solidarność 1989
*C. H. Beck Verlag,
München 1993;
240 S., antiquarisch*

Heidi Hein-Kircher
**Der Piłsudski-Kult und
seine Bedeutung für
den polnischen Staat
1926–1939**
Die Spezialistin für
historische Mythen
seziert den Kult um den
polnischen Staatschef
und Militärführer in der
Zwischenkriegszeit
*Verlag Herder-Institut,
Marburg 2002;
528 S., 29,– €*

Paul Lendvai
Mein verspieltes Land
Ungarn im Umbruch
Ein schonungsloser Blick
auf Orbáns Ungarn,
das sich immer noch
am Trianon-Trauma
abarbeitet
*Ecowin Verlag,
Salzburg 2010;
252 S., 23,60 €*

*Zusammengestellt von der
Redaktion*

BILDNACHWEISE

Titel [M]: SV/TT News
Agency/akg-images;
bpk; Scherl/SZ Photo/
ullstein bild
S. 3 [M]: DHM, Berlin
S. 4/5: Christophe
Fouin/RMN - Grand
Palais/bpk [M];
Vera Tammen für
ZEIT Geschichte
S. 6–13: Imperial War
Museum (Q 9272);
Bettmann Archive/Getty
Images; akg-images (2)
S. 14–20 [M]: The
Inquiry Papers (MS
8), Manuscripts and
Archives, Yale University
Library (3)
S. 22/23 [M]: Photo-
graphe inconnu/adoc-
photos/ullstein bild
S. 24–28 (Ausschnitte):
Kharbine-Tapabor/REX/
Shutterstock; Archiv/
Sammlung Berliner Ver-
lag/akg-images; Scherl/
SZ Photo; akg-images
S. 29 [M]: Hermann
Historica GmbH/Interfoto
S. 30–33: Scherl/SZ
Photo; Paul Thompson/
FPG/Getty Images
S. 34–41: Scherl/
SZ Photo; Rue des
Archives/Tallandier/SZ
Photo; Science Source/
akg-images; Granger/
Bridgeman Images;
SVT/TT News Agency/
akg-images
S. 42/43 [M]: AFP/Getty
Images; Gircke/ullstein
bild; Alamy/The Picture
Art Collection/mauritius
images; Science Source/
akg-images; Alamy/His-
tory and Art Collection/
mauritius images;
TopFoto/ullstein bild;
UIG/imago
S. 44–48: ullstein bild
[M]; Bridgeman Images
S. 49 [M]: Scherl/
SZ Photo
S. 50/51 Karte: Matthias
Holz für ZEIT Geschichte
S. 52–57: Austrian Na-
tional Library/Interfoto;
ullstein bild; Scherl/SZ
Photo; Gircke/
ullstein bild
S. 58–61: Military
Historical Office [M];
Alamy/UtCon Collection/
mauritius images
S. 62/63 [M]: Granger,
NYC/ullstein bild
S. 64–67: Galerie Bilder-
welt/Bridgeman Images;
Alamy/Military History
Collection/mauritius
images

S. 68–73: Illustrated
London News Ltd/
Mary Evans/Interfoto;
Corbis via Getty Images;
Friedrich/Interfoto
S. 74–78: James A.
Cannavino Library,
Archives & Special
Collections, Marist
College, USA; Bettmann
Archive/Getty Images;
Karte: Matthias Holz für
ZEIT Geschichte
S. 79 [M]: DHM, Berlin
S. 80–87: ullstein bild;
Scherl/SZ Photo; DHM,
Berlin; Plak 002-008-013; akg-
images (2); DHM, Berlin;
Haus der Geschichte,
Bonn; Imagno/akg-
images
S. 88/89: Imagno/Getty
Images
S. 90–93: Mary Evans/
Interfoto (2); Granger,
NYC/Interfoto
S. 94/95 [M]: Roger-
Viollet, Paris/Bridgeman
Images
S. 96–99: akg-images;
Beba/Photoaisa/Inter-
foto; Hulton Archive/
Getty Images; awkz/
Interfoto
S. 100/101: United
Archives/TopFoto/
SZ Photo;
fotograf-hamburg.de
S. 102–107: Michael
St Maur Sheil/western-
frontphotography.com/
Mary Evans/Interfoto
(4); Ekko von Schwichow
S. 108/109 [M]:
Alain Jocard/AFP/Getty
Images; Moonrun/
stock.adobe.com (2);
Claudio Divizia/
stock.adobe.com; BEM-
Photo/stock.adobe.com;
Speedfighter/
stock.adobe.com;
bennymarty/
stock.adobe.com
S. 112: Arne Bellstorf
für ZEIT Geschichte
S. 114 [M]:
Heinrich Hoffmann/bpk

IMPRESSUM

Herausgeber: Benedikt Erenz,
Christian Staas,
Dr. Volker Ullrich
Berater: Prof. Dr. Norbert Frei,
Dr. Theo Sommer
Chefredakteur: Frank Werner
Redaktion: Judith Scholter,
Markus Flohr
Grafik/Layout:
Dietmar Dänecke (verantwortlich),
Maret Tholen (fr.)
Bildredaktion: Andy Heller
Korrektorat: Thomas
Worthmann (verantwortlich)

ZEIT Geschichte
Zeitverlag Gerd Bucerius
GmbH & Co. KG
Buceriusstraße,
Eingang Speersort 1
20095 Hamburg
Telefon: 040 • 32 80-0
Fax: 040 • 32 71 11
E-Mail: DieZeit@zeit.de

Verlagsleitung: Sandra Kreft

Objektleitung: Malte Riken

Geschäftsführung:
Dr. Rainer Esser

Vertrieb: Nils von der Kall

Marketing: René Beck

Presse- und Öffentlichkeits-
arbeit: Silvie Rundel

Herstellung: Torsten Bastian
(verantwortlich), Helga Ernst,
Tim Paulsen

Repro: Andrea Drewes,
Hanno Hammacher,
Martin Hinz

Gesamtanzeigenleitung:
Matthias Weidling

Anzeigenleitung Magazine:
Maren Henke

Empfehlungsanzeigen:
iq media marketing GmbH
Gesamtanzeigenleitung:
Michael Zehentmeier
Anzeigenleitung: Anja Väterlein
Anzeigenpreise:
ZEIT Geschichte-Preisliste
Nr. 12 vom 1. Januar 2019

Druck: Firmengruppe APPL,
appl druck, Wemding

Abonnement:
Jahresabonnement (6 Hefte)
41,40 €,
Lieferung frei Haus
(Auslandsabonnementpreise
auf Anfrage)

Abonnentenservice:
Telefon: 040 • 42 23 70 70
Fax: 040 • 42 23 70 90
E-Mail: abo@zeit.de

Diese Ausgabe enthält in
einer Teilauflage eine Publikation
von Biber Umweltprodukte
Versand GmbH,
A-6850 Dornbirn.

Arne Bellstorf: Kriegsverlierer

ANGRIFF AUF DEN NACHBARN: Deutsche Soldaten und Grenzpolizisten zerstören einen Schlagbaum an der polnischen Grenze. Nachgestellte Szene am 1. September 1939

Der Weg in den Krieg

1939 – Chronik des Jahres, in dem Deutschland Polen überfällt und Hitler die Welt in den Abgrund reißt

Am 1. September 1939 marschiert die Wehrmacht in Polen ein, und diesmal lassen die Westmächte Hitler nicht gewähren: Der Zweite Weltkrieg beginnt. Am Ende liegen nicht nur Deutschland und Europa in Trümmern, die Kämpfe toben auf fast allen Erdteilen und fordern weltweit mehr als 60 Millionen Opfer. Wie ist es zu diesem Krieg der Kriege gekommen? Unser nächstes Heft zeichnet Hitlers Weg in das Inferno nach, von der Zerschlagung der Tschechoslowakei im März 1939 über den Pakt mit Erzfeind Stalin bis zu den letzten diplomatischen Rettungsversuchen der Alliierten Ende August. Im Mittelpunkt jedoch steht der Krieg selbst: Der Feldzug gegen Polen gilt als erster »Blitzkrieg« der Wehrmacht – aber war er das wirklich? Und wie verbrecherisch wurde dieser erste Krieg im Osten geführt, der bis heute im Schatten des späteren Vernichtungsfeldzuges gegen die Sowjetunion steht? Wie nahmen die Polen die deutsche Invasion wahr, und wie erinnern sie sich heute daran? Zum 80. Jahrestag blicken wir auf den Beginn eines Krieges zurück, der wie kein zweiter die Welt verändert hat.

ZEIT Geschichte 2/2019:
Ab 19. März am Kiosk